Prima!

German for the oral exam

David Sprake B.A., Dip.Ed.
Head of Modern Languages
Wheatley Park School

Oxford University Press

Oxford University Press, Walton Street, Oxford OX2 6DP

Oxford London Glasgow
New York Toronto Melbourne Auckland
Kuala Lumpur Singapore Hong Kong Tokyo
Delhi Bombay Calcutta Madras Karachi
Nairobi Dar es Salaam Cape Town

and associated companies in
Beirut Berlin Ibadan Mexico City Nicosia

Oxford is a trade mark of Oxford University Press

© Oxford University Press 1983
First published 1983
Reprinted 1983
ISBN 0 19 832397 2

Illustrations are by Peter Joyce

Phototypeset by Tradespools Ltd, Frome, Somerset
Printed by The Thetford Press Ltd, Thetford, Norfolk

Contents

Introduction

Prima! is designed to help pupils prepare for the oral component of German examinations at 16+. The format of **Prima!** mirrors that of its French equivalent, **C'est sympa**, fairly closely, and it is inevitable that the subject matter, situations, and vocabulary areas should be similar too. However, a major difference is that whereas **C'est sympa** was designed principally for the more able pupils, **Prima!** is intended to be suitable for a wider range of abilities. Utterances in the dialogues are generally shorter, the range of difficulty of the questions has been extended, and exercises and assignments of varying degrees of complexity have been included.

The aim of the first section, 'Conversation', is to review systematically the areas on which pupils are likely to be questioned, expanding their vocabulary, practising useful structures, and generally building up their confidence to speak freely in German about themselves, their own situations, interests, and experiences. Teachers have their own individual approaches to the presentation and exploitation of materials, and I offer the following method of approach to this section merely as a suggestion:

—The pupils listen to the passage from the tape once or twice, without the printed text.

—They then read the text quietly to themselves.

—The teacher discusses the passage with them in German, asking and inviting questions and explaining new words until he/she is satisfied that it has been fully understood. Another useful exercise at this stage (or as a homework follow-up) is to give the pupils a list of English words and phrases contained in the text, and invite the pupils to 'find the German for . . .'.

—The suggested structures are discussed and the accompanying exercises completed, first orally and then in writing. This written work, and written exploitation of the structures, provides useful homework assignments.

—The printed questions are then dealt with, first orally and then in writing, exploiting freely the suggested structures, vocabulary gleaned from the original dialogue, and any extra vocabulary listed in the follow-up work.

—The pupils are then encouraged to speak freely about the particular topic in answer to a general, open-ended question or instruction ('Beschreiben Sie ein typisches Wochenende!') with the teacher intervening only when they 'dry up', and then only with further open-ended prompts (. . . 'und am Samstagabend? . . . ' . . . 'und wenn Sie zu Hause ankommen? . . . '). The less confident pupils are permitted to work from the sort of schematic notes described on page 6.

In the other three sections, in addition to sample questions, structures which can usefully be revised are indicated, and some of the underlying skills are practised individually.

The advice, notes, and explanations are included particularly for those students who have limited access to a teacher, and must do much of the preparation on their own.

Finally, I would like to express my warmest thanks to my German colleague and friend, Klaus Waltenberger, for checking the correctness of my German and for his most useful advice.

The following symbols are used in the conversation section:

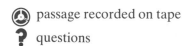 passage recorded on tape   exercise

? questions   structure

Preliminary advice to pupils

1. Remember that the examiner is not a mind-reader! You are there to *show off* what you know – you get no marks for what you know, but do not say.

   Every question you are asked is linked to many others. The examiner may well follow up your answer with some of them, but you give a much better impression if *you* take the initiative.
   e.g. 'How old are you?' gives scope for:
   — older/younger than brothers/sisters?
   — birthday (month/exact date/season; soon/ recently; what presents you got/hope to get)
   'Have you a German penfriend?' suggests:
   — name, where he/she lives
   — details about his/her family, interests
   — how often you write (in English? German?)
   — what you send each other (tapes? presents?)
   — how long you've been corresponding

2. If you have a complicated idea to express ('My father is an auto insurance accident claims assessor!') either:

   a Keep it simple:
   Er ist Büroangestellter.
   Er arbeitet bei einer Versicherungsgesellschaft.

   b Give a fictitious answer which gives scope for showing off your knowledge of the language:
   Er ist Verkäufer. Er arbeitet in der Sportabteilung eines großen Warenhauses in der Stadtmitte. (You may not have told the truth, but you have shown that you can cope with the dative and genitive cases!)

   c Say it's too difficult to explain, or avoid the issue:
   Das weiß ich nicht ganz genau.
   Das kann ich Ihnen nicht genau sagen.
   Da habe ich wirklich keine Ahnung.

Na ja, das ist	ein bißchen	kompliziert.
	etwas	
	zu schwer zu erklären.	

3. The following alternatives to a simple 'yes' and 'no' are worth considering:

ja	nein
bestimmt	bestimmt nicht
sicher(lich)	nicht besonders
doch	keineswegs
freilich	(ganz) im Gegenteil
jawohl	hoffentlich nicht
hoffentlich	natürlich nicht
natürlich	auf keinen Fall
selbstverständlich	unglücklicherweise
auf jeden Fall	leider
glücklicherweise	
zum Glück	

4. When preparing for the oral exam, use words you know wherever possible. Avoid looking up words in a dictionary without checking them with a teacher or German speaker, as this can lead to absurdities:
   Ich habe ein Fußball**streichholz** gesehen!

   In answer to a question such as 'What can you see from your bedroom window?' it is far better to think of simple things to say (Ich sehe Häuser/Bäume/die Hochstraße/ unseren Garten) than to look up more complicated things in the dictionary (Ich sehe Türme mit Hochspannungleitungen!) which you may forget or stumble over in the exam.

5. Most pupils do written preparation for the oral exam. If you do, don't give yourself long passages of German to learn by heart. You will find it much easier to learn from notes, and your answers will sound much more natural:

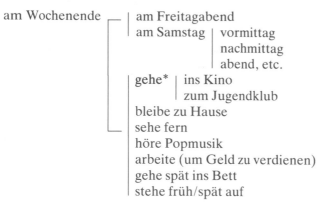

am Wochenende
- am Freitagabend
- am Samstag | vormittag
- nachmittag
- abend, etc.
- gehe* | ins Kino
- zum Jugendklub
- bleibe zu Hause
- sehe fern
- höre Popmusik
- arbeite (um Geld zu verdienen)
- gehe spät ins Bett
- stehe früh/spät auf

*Note the position of the verb:
Am Freitagabend **gehe** ich . . .
Dann **sehe** ich . . ., etc.

6. If you don't understand, ask for the question to be repeated; if you still don't understand, say so:

Entschuldigen Sie, ich verstehe die Frage nicht.
Könnten Sie/Würden Sie die Frage bitte wiederholen?
Ich verstehe das Wort ,,. . . . . .'' nicht.
Leider verstehe ich die Frage immer noch nicht.

7. Although it may not always yield the most natural answers, bear in mind the instruction from one Examination Board that 'Candidates will be expected to use a finite verb in their answers to gain full marks.'

Conversation

Section A

This first section deals with some simple preliminary questions and illustrates how they can be answered in a variety of ways, and how they can be elaborated upon.

1. *Examinator:* Guten Tag. Nehmen Sie* bitte Platz.
   Kandidat: Guten Tag. Danke.
   Examinator: Wie heißen Sie bitte?
   Kandidat A: Ich heiße Andrew Baker.
   Kandidatin B: Mein Name ist Stephanie Jones.
   Kandidat C: Mein Nachname ist Gray. Mein Vorname ist Peter.

   ?
   1 Und Sie? Wie heißen Sie?
   2 Wie ist Ihr Vorname?
   3 Wie ist Ihr Nachname?
   4 Wie schreibt man Ihren Vornamen/Nachnamen?
   5 Haben Sie einen zweiten Vornamen?
   6 Gefällt Ihnen Ihr Vorname?
   7 Was ist Ihr Lieblingsvorname für Jungen?
   8 Und Ihr Lieblingsvorname für Mädchen?
   9 Was für deutsche | Jungennamen | kennen Sie?
                    | Mädchennamen |
                    | Nachnamen |
   10 Haben Sie einen Spitznamen?
   11 Wo kommt dieser Name her?

Two structures will be useful in answering the last question:
    . . . . . ., weil . . . . . . (*verb*).
    . . . . . . wegen + *genitive*

---

*Teachers should substitute '**du**' for '**Sie**' if they normally address their pupils in this way.

e.g. Mann nennt mich Blondie, *weil ich blonde Haare habe.*
Man nennt mich Blondie *wegen meiner blonden Haare.*

In questions asking 'Have you got a/any . . . ?' remember to avoid **nicht ein(e)(n)** . . . The correct form of a negative answer is:
—Nein, ich habe **kein(e)(n)** . . .

X Practise the use of **kein(e)(n)** by answering the following questions in the negative:
1 Haben Sie einen deutschen Brieffreund?
2 Haben Sie eine französische Brieffreundin?
3 Haben Sie einen ausländischen Nachnamen?
4 Hat Ihre Familie ein japanisches Auto?
5 Hat Ihre Familie eine Wohnung?
6 Hat Ihre Familie einen Garten?
7 Haben Sie ein schönes, großes Schlafzimmer?
8 Haben Sie Freunde in Deutschland?

---

2. *Examinator:* Haben Sie Geschwister?
   Kandidatin A: Ja, ich habe zwei Brüder.
   Kandidatin B: Ich habe keinen Bruder, aber ich habe eine Schwester. Sie heißt Caroline. Sie ist jünger als ich. Sie ist dreizehn.
   Kandidat C: Ja, ich habe einen jüngeren Bruder, der Gerry heißt. Er ist zwei Jahre jünger als ich: das heißt vierzehn Jahre alt. Er geht in diese Schule. Er ist im dritten Schuljahr.

   ?
   1 Und Sie? Haben Sie Geschwister?
   2 Wie heißt er/sie (heißen sie)?

3 Wie alt ist er/sie (sind sie)?
4 Ist er/sie (Sind sie) jünger oder älter als Sie?
5 Geht er/sie (Gehen sie) immer noch zur Schule?
6 Ist er/sie (Sind sie) verlobt oder verheiratet?
7 Hat er/sie (Haben sie) Kinder?
8 Wieviele Personen sind Sie insgesamt in der Familie?

Remember the plurals:
ein Bruder → zwei Br**ü**der
eine Schwester → zwei Schwester**n**

The following expressions and phrases may be useful when speaking about brothers and sisters:

der Zwillingsbruder (⁻), die Zwillingsschwester (-n)

der	Größte
die	Kleinste
	Jüngste
	Älteste

der	eine	ist	. . . . . . ,	der	andere	ist	. . . . . .
die		hat		die		hat	

in den Kindergarten	gehen
in die Volksschule	
in die Gesamtschule	
aufs Gymnasium	
an die Uni(versität)	

im ersten/zweiten/dritten Jahrgang	sein
in der ersten/zweiten/dritten Klasse	
in der Oberstufe	

die Schule verlassen/nicht mehr in die Schule gehen

X Practise adjectival endings in the direct object case (accusative) by making up sentences based on this model:

Ich habe	einen	———en	+ *masculine noun*
Wir haben	eine	———e	+ *feminine noun*
	ein	———es	+ *neuter noun*
	zwei (etc.)	———e	+ *plural noun*

e.g. Ich habe einen jünger**en** Bruder.
Ich habe zwei jünger**e** Brüder.

The following adjectives and nouns could be used:

der Bruder (⁻)	jung/jünger/älter
die Schwester (-n)	nett/frech/hübsch
das Haus (⁻er)	groß/größer/klein/kleiner
der Garten (⁻)	neu/alt/modern
das Auto (-s)	englisch/deutsch, etc.
der Wagen (-)	rot/grün/blau, etc.
die Wohnung (-en)	

---

3. *Examinator:* Wie alt sind Sie?
Kandidat A: Ich bin fünfzehn.
Kandidat B: Ich werde bald sechzehn.
Kandidatin C: Ich habe vor drei Wochen meinen Geburtstag gefeiert, das heißt am ersten Mai. Ich bin sechzehn geworden.

1 Und Sie? Wie alt sind Sie eigentlich?
2 Wann sind Sie geboren (das heißt in welchem Jahre)?
3 Wann haben Sie Geburtstag (in welchem Monat/in welcher Jahreszeit/das genaue Datum)?
4 Wie haben Sie Ihren letzten Geburtstag gefeiert?
5 Was für Geschenke haben Sie bekommen? Von wem?
6 Sind Sie älter oder jünger als Ihre Geschwister?
7 Wann werden Sie sechzehn?
8 Wann sind Sie fünfzehn geworden?

The following words and phrases are important for saying *when* something happened/will happen:

der Tag (-e)	der Monat (-e)
die Woche (-n)	das Jahr (-e)
das Wochenende (-n)	

vor drei Jahren/Monaten/Wochen/Tagen
letzten/vorigen Freitag
letztes/voriges Wochenende

vorgestern	morgen
gestern	übermorgen
heute	

in drei Jahren/Monaten/Wochen/Tagen
nächsten Freitag
nächstes Wochenende

am Montag/Dienstag/Mittwoch, etc.
im Januar/Februar/März, etc.
im Frühling/Sommer/Herbst/Winter
Anfang Mai/Mitte August/(gegen) Ende Oktober

Note the lack of a preposition in year dates:
Er ist **neunhundertfünfundsiebzig** (1975) geboren.

Note the following ways of expressing dates, particularly the endings:

Heute ist **der** erst**e**/zweit**e**/dritt**e** Juli.
Wir haben **den** erst**en**/zweit**en**/dritt**en** Juli.
Berlin, **den** 2. (zweit**en**) Juli.

Er | ist | **am** erst**en**/zweit**en**/dritt**en** Juli | geboren.
   | hat | | Geburtstag.

X Practise these expressions by answering the following:

1 Der wievielte ist heute?
2 Der wievielte ist morgen?
3 Der wievielte war gestern?
4 Den wievielten haben wir heute?
5 Den wievielten haben wir morgen?
6 Den wievielten hatten wir gestern?
7 Wann hat Ihr Vater/Ihre Mutter/Ihr Bruder/Ihre Schwester Geburtstag?

X Practise the direct object and indirect object cases (accusative and dative) by making up a number of examples based on the following model:

Zum Geburtstag habe ich von | meinem . . . . . . |
                             | meiner . . . . . . |

einen . . . . . . | geschenkt bekommen.
eine . . . . . . |
ein . . . . . . |

e.g. Zum Geburtstag habe ich **von meinem Vater ein Rad** geschenkt bekommen.

The following vocabulary may be helpful:

der Vater	der Pullover
die Mutter	die Armbanduhr
der Bruder	das Wörterbuch
die Schwester	das Kassettengerät
der Onkel	der Kugelschreiber
die Tante	der Füller
der Großvater	die Tasche
die Großmutter	die Langspielplatte
der Opa	das Kofferradio
die Oma	die Schreibmaschine
der Cousin	der Roman
die Kusine	der Photoapparat

4. *Examinator:* Wie ist das Wetter heute?
Kandidat A: Es ist warm heute.
Kandidatin B: Heute ist es warm . . . viel wärmer als gestern.
Kandidatin C: Heute morgen hat es geregnet. Im Moment hat der Regen aufgehört, aber es ist immer noch etwas wolkig, und der Wind ist ziemlich kalt. Ich wollte heute abend schwimmen . . . bei diesem Wetter aber gehe ich nicht hin. Es ist zu kalt, um schwimmen zu gehen. Das ist kein Sommerwetter!

? 1 Wie ist das Wetter im Moment?
2 Wie war das Wetter heute vormittag? Und gestern?
3 Wie wird das Wetter wohl morgen sein?
4 Wie ist das Wetter normalerweise in Großbritannien im Frühling/im Sommer/im Herbst/im Winter?
5 Wie ist das Wetter gewöhnlich zu Weihnachten?
6 Was macht man gewöhnlich, wenn es schneit?
7 Und bei schönem Wetter?
8 Was trägt man, wenn das Wetter kalt ist?

Note the following ways of qualifying an adjective:

Es ist	sehr	kalt
	ziemlich	windig, etc.
	etwas	
	ein bißchen	
	(viel) zu	

It is useful to learn and practise the use of all new verbs in the past, present, and future:

a Past (früher/gestern, etc.)

Es hat	geregnet.
	geschneit.
	gedonnert und geblitzt.
	gewittert.

Es war warm/kalt/windig/nebelig/wolkig/gewittrig.
Es hat gefroren.

b Present (jetzt/momentan/heute, etc.)

Es	regnet.
	schneit.
	donnert und blitzt.
	gewittert.

Es ist warm/kalt/windig/nebelig/wolkig/gewittrig.
Es friert.

c Future (bald/später/morgen, etc.)

Es wird	regnen.
	schneien.
	donnern und blitzen.
	gewittern.

Es wird warm/kalt/windig/nebelig/wolkig/gewittrig sein.
Es wird frieren.

The verbs **anfangen** and **aufhören** are also often used when talking about the weather. Look at the following examples:

Es fängt an zu regnen.
Es hat (gerade) angefangen zu schneien.
Es hört auf zu regnen. (Der Regen hört auf.)
Es hat aufgehört zu schneien.

10

The following vocabulary will be useful for talking about the weather:

der Regen	der Schneeregen
der Schnee	die Wolke (-n)
der Nebel	das Gewitter
das Eis	die Überschwemmung
der Wind	glatt
stark	leise
tief	eiskalt
dicht	
es hagelt	
sich aufklären	

X Find suitable endings to the following sentences (find as many as you can for *each* sentence):

e.g. Wenn das Wetter warm ist, **gehe ich** schwimmen.
Note the inversion of the verb and subject.

1 Wenn das Wetter warm ist, . . .
2 Wenn die Sonne scheint, . . .
3 Wenn es kalt ist, . . .
4 Wenn es regnet, . . .
5 Wenn es schneit, . . .
6 Wenn es friert, . . .
7 Wenn es donnert und blitzt, . . .
8 Wenn es gewittert, . . .

5. *Examinator:* Wo wohnen Sie?
Kandidat A: Ich wohne in North Hinksey.
Kandidatin B: Ich wohne in einem Dorf. Es heißt South Ridley.
Kandidat C: Das Dorf, in dem ich wohne, heißt West Lipton. Es liegt ungefähr zwölf Kilometer von der Schule entfernt. Wir wohnen in einer großen Wohnsiedlung von etwa 120 Häusern.

? 1 Und Sie? Wohnen Sie und Ihre Familie in einem Dorf?

2 Wohnen Sie in einem Haus oder in einer Wohnung?
3 Wo sind Sie geboren?
4 Wie heißt die Straße, in der Sie wohnen?
5 Wieviele Häuser sind in der Straße? (Wieviele Wohnungen sind im Gebäude?)
6 Hat Ihr Haus einen Namen oder eine Nummer?
7 Wie weit ist: *far*
   a das nächste Postamt
   b die nächste Bushaltestelle
   c der nächste Supermarkt
   von Ihrem Haus/Ihrer Wohnung?

Here are some useful words and phrases to help you discuss where you live:

in der Stadtmitte
im Stadtzentrum
in der Innenstadt

in der Vorstadt
in einem Vorort der Stadt

auf dem Land(e)
auf einem Hof/Bauernhof
in einem (kleinen) Dorf *village*

Note how to express approximations:

etwa	10 Kilometer von . . . . . . entfernt
ungefähr	20 Häuser
	eine halbe Stunde
	zwanzig Mark

Note the following ways of dealing with relative clauses:

Das Dorf, in dem ich wohne, . . .
Die Stadt, in der ich wohne, . . .
Das Haus, in dem wir wohnen, . . .
Die Wohnung, in der wir wohnen, . . .

Die Straße, in der wir wohnen, . . .
Der Wohnblock, in dem ich wohne, . . .
Das Gebäude, in dem ich wohne, . . .

X Practise these expressions by completing each of the sentences with a suitable clause.

◢ The following prepositions will be useful in describing where your house or block of flats is:

| in der Nähe | + *genitive* |
| | von + *dative* |

nicht weit von + *dative*
zwischen + *dative* und *dative*
hinter + *dative*
vor + *dative*
neben + *dative*
gegenüber* + *dative*

X Make up some examples of where people live by completing the following sentences, using the above prepositions with suitable nouns. Some useful nouns are suggested below:

1 Ich wohne . . .
2 Meine Familie und ich wohnen . . .
3 Mein Freund/Meine Freundin wohnt . . .
4 Unser Haus steht . . .

der Bahnhof	die Schule
der Park	die U-Bahnstation *subway*
der Wald	das Parkhaus
der Fluß	der Parkplatz
die Brücke *Bridge*	das Schwimmbad/Hallenbad
das Sportzentrum	das Einkaufszentrum *Shopping mall*
das Kino	das Krankenhaus

---

* **Gegenüber** can either precede or follow the noun: **gegenüber dem Bahnhof** or **dem Bahnhof gegenüber**.

Section B

1. Vor der Schule

— Was machen Sie, bevor Sie in die Schule kommen?

— Meine Mutter weckt mich gegen sieben Uhr. Ich stehe auf und gehe ins Badezimmer, oder ich warte bis meine Schwester im Badezimmer fertig ist. Dann gehe ich schnell unter die Dusche. Nachdem ich geduscht habe, gehe ich zurück in mein Zimmer und ziehe mich an. Dann gehe ich hinunter in die Küche.

— Sind beide Eltern noch da?

— Nein, mein Vater ist immer schon weg um diese Zeit. Er fährt eine Stunde zur Arbeit und muß das Haus um kurz vor sieben Uhr verlassen.

— Wer frühstückt also mit Ihnen?

— Meine Mutter, meine Schwester und ich frühstücken zusammen.

— Was essen Sie zum Frühstück?

— Ich esse Cornflakes mit Milch und Zucker . . . Toast mit Butter und Marmelade . . . und ich trinke eine Tasse Tee dazu.

— Und nach dem Frühstück?

— Ich gehe hinauf ins Bad und putze mir die Zähne. Dann hole ich meine Schulsachen aus meinem Schlafzimmer. Ich verabschiede mich von meiner Mutter und mache mich auf den Weg zur Schule. Arbeit

— Mit Ihrer Schwester vermutlich.

— Nein, nein. Sie geht mit ihrer Freundin und ich mit ein paar Freunden, die ich unterwegs treffe.

?
1 Wann stehen Sie normalerweise an Schultagen auf?
2 Wann sind Sie heute aufgestanden?
3 Haben Sie einen Wecker?
4 Ist das Badezimmer immer frei, wenn Sie aufstehen?
5 Wie oft waschen Sie sich?
6 Um wieviel Uhr haben Sie heute gefrühstückt?
7 Wo frühstücken Sie?
8 Mit wem frühstücken Sie?

9 Was essen und trinken Sie zum Frühstück?
10 Was haben Sie heute zum Frühstück gegessen?
11 Wer macht das Frühstück?
12 Spülen Sie ab, bevor Sie ausgehen?
13 Welche Schulsachen nehmen Sie mit in die Schule?
14 Mit wem gehen/fahren Sie zur Schule?

The following expressions are useful for describing one's morning routine. The past participles of the verbs are given in brackets and those conjugated with **sein** are asterisked:

aufwachen (aufgewacht)*
aufstehen (aufgestanden)*
ins Badezimmer gehen (gegangen)*
sich waschen (gewaschen)
sich das Gesicht/die Hände waschen (gewaschen)
ein Bad nehmen (genommen)
duschen (geduscht)
sich abtrocknen (abgetrocknet)
hinuntergehen (hinuntergegangen)*
frühstücken (gefrühstückt)
essen (gegessen)
trinken (getrunken)
sich die Zähne putzen (geputzt)
seine Sachen suchen (gesucht)/holen (geholt)
seine Sachen in die Mappe tun (getan)
sich verabschieden (verabschiedet)
sich auf den Weg machen (gemacht)
das Haus verlassen (verlassen)
Freunde treffen (getroffen)

X a Practise the inversion of subject and verb by using the above expressions in the present tense and starting each sentence with **dann**:

e.g. Ich wache auf. **Dann stehe ich** auf.

b Repeat exercise **a** in the perfect tense:

e.g. Ich bin aufgewacht. **Dann bin ich** aufgestanden.

Note how the indirect object pronoun (**mir**) is used with the reflexive verb **sich waschen** when a specific part of the body is mentioned:

Ich wasche **mich**/habe **mich** gewaschen.
But: Ich wasche **mir** die Hände.
  Ich habe **mir** das Gesicht gewaschen.

2. In die Schule

— Wie kommen Sie jeden Tag zur Schule, Sally?
— Ich wohne ganz in der Nähe. Ich kann also zur Schule laufen. Das ist sehr praktisch, denn ich kann in der Mittagspause nach Hause gehen und dort essen. Wenn es aber regnet, fährt mich meine Mutter hierher.
— Und Sie, Peter?
— Ich wohne ziemlich weit von der Schule entfernt, fahre also mit dem Schulbus. Es ist viel zu weit, um zu Fuß zu gehen.
— Wie lange dauert die Fahrt?
— Ungefähr zwanzig Minuten.
— Und was machen Sie, wenn Sie ankommen?
— Ich treffe meine Freundinnen und Freunde im Schulhof oder in der Garderobe. Wir unterhalten uns, bis es läutet. Dann melden wir uns beim Klassenlehrer. Zweimal in der Woche gibt's eine Assembly in der Aula, wo wir Kirchenlieder singen und beten. Der Direktor der Schule oder sein Stellvertreter spricht zu uns und informiert uns über das Schulleben. Dann beginnen die Unterrichtsstunden.
— Wieviele Stunden haben Sie am Tag, Sally?
— Pro Tag haben wir acht Stunden – vier am Vormittag und vier am Nachmittag. Sie dauern fünfunddreißig Minuten.
— Und Pausen?
— Vormittags um Viertel vor elf haben wir eine Viertelstunde Pause. Die Mittagspause dauert eine Stunde und zehn Minuten.
— Wann ist die Schule zu Ende?
— Um zwanzig vor vier ist die Schule aus.

? 1 Und Sie? wie kommen Sie zur Schule?
  2 Wie lange brauchen Sie dazu?
  3 Wieviele Schülerinnen und Schüler hat Ihre Schule?
  4 Wo essen Sie zu Mittag an Schultagen, und warum?
  5 Gehen Sie direkt ins Klassenzimmer, wenn Sie in der Schule ankommen?
  6 Wie oft müssen Sie in eine Assembly?
  7 Wie heißt Ihr(e) Klassenlehrer(in)? Und Ihr(e) Schulleiter(in)?
  8 Um wieviel Uhr beginnt die erste Unterrichtsstunde?
  9 Wieviele Stunden haben Sie am Vormittag?
  10 Und am Nachmittag?
  11 Wann sind die Pausen?
  12 Wie lange dauern sie?
  13 Wann ist die Schule zu Ende?

The following phrases will help you answer the question **Wie lange?**:

zehn Minuten
eine Viertelstunde, eine halbe Stunde, eine Dreiviertelstunde
eine Stunde, eineinhalb/anderthalb Stunden, zwei Stunden
einen Tag, zwei Tage
eine Woche, zwei Wochen
einen Monat, zwei Monate
ein Jahr, zwei Jahre

The following phrases will help you answer the question **Wann?**:

am Vormittag (am Morgen), vormittags (morgens)
am Nachmittag, nachmittags
am Abend, abends
in der Nacht, nachts
am Montag, montags
jeden Tag, jeden Vormittag, jeden Montag, etc.

The following phrases will help you answer the question **Wie oft?**:

einmal	am Tag
zweimal	in der Woche
	im Monat
	im Jahr

Note that **hier** and **dort** can only be used when 'here' means 'in this place' and 'there' means 'in that place'. It is important to distinguish between this and the following:

'here' (meaning 'to this place') – **hierher**
'there' (meaning 'to that place') – **dorthin**
e.g. Wann kommt er hierher?
     Wann fährst du dorthin?

When a verb is followed by more than one adverb/ adverbial phrase, they must be in the order (i) Time, (ii) Manner, (iii) Place, i.e. when? how? where (to/ from)?
e.g. Ich fahre (i) jeden Tag (ii) mit dem Schulbus (iii) zur Schule.

X Practise putting adverbs in the right order by completing the sentences below. Use adverbs/adverbial phrases from the ones given:

1 Ich fahre . . . . . .
2 Mein Bruder fährt . . . . . .
3 Mein Vater fährt . . . . . .
4 Meine Mutter fährt . . . . . .
5 Meine Schwester fährt . . . . . .
6 Mein(e) Freund(in) und ich fahren . . . . . .

jeden Tag, am Samstagvormittag, jeden Dienstagabend, immer, oft, manchmal, gewöhnlich, normalerweise

mit dem Bus, mit dem Zug, mit dem Auto, mit der U-Bahn, auf meinem (seinem, ihrem) Rad/Moped/ Motorrad, mit unseren Rädern/Mopeds/Motorrädern

zur Schule, nach Hause, in die Stadt, zum Jugendklub, aufs Land, zu Verwandten

3. **Nach der Schule – zwei Mütter sprechen über ihre Kinder**

— Wie alt ist Ihre Tochter, Frau Williams?
— Sie ist vierzehn.
— Wann kommt sie nach der Schule heim?
— Sie kommt selten direkt von der Schule nach Hause. Nach der Schule geht sie meistens eine Stunde in den Park oder zu ihrer Schulkameradin. Gewöhnlich kommt sie gegen fünf Uhr nach Hause.
— Essen Sie dann sofort, wenn sie ankommt?
— Nein, wir warten, bis mein Mann heimkommt. Wir essen gegen sechs Uhr zu Abend.
— Und Sie, Frau Cooper?
— Ich komme erst um Viertel vor sechs von der Arbeit nach Hause.
— Und Ihr Mann?
— Wir sind seit zwei Jahren geschieden. Wenn mein Sohn heimkommt, macht er sich ein paar Butterbrote und beginnt seine Hausaufgaben.
— Er ist also ein fleißiger Junge.
— Sehr fleißig . . . Er lernt, bis ich heimkomme, dann hilft er mir beim Kochen des Abendessens. Er putzt das Gemüse und so. Nach dem Abendessen hilft er mir beim Abspülen.
— Dann geht er aus?
— Nein, er macht seine Hausaufgaben fertig. In der Regel geht er nur am Wochenende aus.
— Und Ihre Tochter, Frau Williams? Wann macht sie ihre Hausaufgaben?
— Das weiß ich nicht. Sie macht sehr selten Hausaufgaben zu Hause. Sie macht sie vermutlich in der Schule oder im Bus. Sie ist ziemlich faul!
— Geht sie abends aus?
— Zwei- oder dreimal in der Woche geht sie aus.
— Wohin?
— In den Jugendklub oder zu Schulkameradinnen.
— Und wenn sie nicht ausgeht?
— Wenn sie nicht ausgeht, hockt sie vor dem Fernseher!

?

1. Wann haben Sie gestern die Schule verlassen?
2. Um wieviel Uhr kommen Sie nach der Schule zu Hause an?
3. Kommen Sie direkt von der Schule nach Hause? (Wenn nicht, was machen Sie unterwegs?)
4. Essen Sie sofort, wenn Sie heimkommen?
5. Um wieviel Uhr essen Sie zu Abend?
6. Was essen Sie gewöhnlich zum Abendessen?
7. Was haben Sie gestern abend gegessen?
8. Wann und wo machen Sie Ihre Hausaufgaben?
9. Wie lange brauchen Sie in der Regel dazu?
10. Was für Hausaufgaben haben Sie gestern abend gemacht?
11. Wie helfen Sie Ihren Eltern?
12. Sind Sie Ihrer Meinung nach fleißig oder faul?
13. Halten Ihre Eltern Sie für fleißig oder faul?
14. Warum?
15. Wie oft gehen Sie in der Woche aus?
16. Wohin gehen Sie?
17. Mit wem?
18. Wie oft in der Woche sehen Sie fern?
19. Wie lange sitzen Sie abends vor dem Fernseher?
20. Was haben Sie für heute abend vor?
21. Um wieviel Uhr werden Sie ins Bett gehen?

Go through the dialogue, taking the parts of (a) Mrs Williams' daughter, and (b) Mrs Cooper's son. Give all the information from *their* point of view, i.e. changing 'he/she' to 'I', 'my husband' to 'my father', 'I' to 'my mother', etc.

Remember that **helfen** takes the dative, i.e., in German you help *to* someone:

Ich helfe	meinem Sohn	beim Abspülen.
	meiner Tochter	beim Autowaschen.
	meinem Vater	
	meiner Mutter	
	meinen Eltern	
	ihm/ihr/ihnen	

X It is important not to confuse **zu Hause** = at home and **nach Hause** = (to) home.
Complete the following sentences with either **zu Hause** or **nach Hause**, and then say what each sentence means:

1. Um fünf Uhr fährt mein Vater . . . . . .
2. Ich gehe dann direkt . . . . . .
3. Ich rufe nicht an; um diese Zeit ist meine Mutter bestimmt nicht . . . . . .
4. Ich mache meine Hausaufgaben lieber in der Schule als . . . . . .
5. Wann kommt Ihr Vater . . . . . . an?
6. Um sechs Uhr muß ich . . . . . .

Two more useful words to do with time have occurred in this dialogue – **gegen** (at about, at roughly), and **erst** (not until):

e.g. Er kommt | gegen | sechs Uhr nach Hause.
     | erst um |

Here is a list of adverbs which are worth learning at this point. Most of them have occurred in the dialogues:

normalerweise		selten
gewöhnlich		ab und zu
nicht		gelegentlich
ziemlich	oft	sofort
sehr		natürlich
manchmal		vermutlich

---

4. Wo ich wohne

— Wie sieht Ihr Haus aus, Karen?
— Wir wohnen in einem ziemlich großen Haus weit von der Schule entfernt. Wir wohnen eigentlich in der Vorstadt. Das Haus ist sehr alt und sehr unpraktisch. Es hat drei Stockwerke und trotz der Zentralheizung ist es immer sehr kalt. Im Erdgeschoß sind die Küche, das Wohnzimmer und das Eßzimmer. Im ersten Stock sind drei Schlafzimmer, das Badezimmer und das Klo. Im zweiten Stock sind zwei weitere Schlafzimmer. Wir sind vier in der Familie; ich habe also mein eigenes Zimmer.

— Und Sie, John?

— Wir besitzen eine Wohnung in einem Wohnblock in der Stadtmitte, ganz in der Nähe von der Schule. Sie ist ziemlich klein, aber sehr modern. Sie hat nur zwei Schlafzimmer; ich teile also ein Zimmer mit meinem Bruder.

— Hätten Sie lieber Ihr eigenes Zimmer?

— Selbstverständlich. Er nimmt oft meine Platten und Bücher, und wenn er mal keine sauberen Kleider hat, zieht er meine an! Das Zimmer ist schön warm und bequem möbliert . . . nur schade, daß ich es teilen muß!

— Wie ist Ihr Schlafzimmer möbliert?

— Mit unseren Betten natürlich. Es enthält auch zwei Schreibtische mit Lampen und zwei Stühle. Dort machen mein Bruder und ich unsere Hausaufgaben. Wir haben auch einen Kleiderschrank und eine Kommode mit Schubladen. An den Wänden sind Fotos, Posters und so weiter.

— Und Ihr Zimmer, Karen?

— Es ist schön groß aber es zieht schrecklich. Es ist zu kalt, um darin Hausaufgaben zu machen.

— Waren Sie schon in Deutschland?

— Ja, ich war vor zwei Jahren dort.

— Was halten Sie von deutschen Häusern?

— Ich finde sie schön. Meiner Meinung nach sind sie viel schöner als englische Häuser, und viel solider!

— Was gefällt Ihnen am besten an deutschen Häusern?

— Die Häuser, die ich in Deutschland sah, hatten alle einen Keller . . . das finde ich sehr praktisch. Die meisten hatten einen Balkon. Im Sommer kann man also im Freien sitzen und essen, oder sich sonnen . . . das finde ich recht schön!

?
1 Wieviele Zimmer hat Ihr Haus/Ihre Wohnung?
2 Nennen Sie die Zimmer.
3 Welche Zimmer sind im Erdgeschoß?
4 Und im ersten Stock?
5 Hat Ihr Haus einen Keller? Oder einen Balkon?
6 Welche Möbel sind in der Küche?
7 Und im Wohnzimmer?

8 Und im Eßzimmer?
9 Beschreiben Sie Ihr Schlafzimmer.
10 Teilen Sie Ihr Schlafzimmer? (Mit wem?)
11 Was sind die Nachteile, wenn man sein Schlafzimmer mit seinem Bruder oder seiner Schwester teilen muß?
12 Hat es Ihrer Meinung nach auch Vorteile?
13 Finden Sie Ihr Haus praktisch?
14 Warum sind Sie dieser Meinung?
15 Wie wird Ihr Haus geheizt?
16 Wo im Haus ist es kalt und wo ist es warm?
17 In welchem Zimmer machen Sie Ihre Hausaufgaben?
18 Wo sieht Ihre Familie fern?
19 Wo ißt Ihre Familie?
20 Was macht man in der Küche?
21 Und im Badezimmer?
22 Und im Flur?
23 Beschreiben Sie Ihren Garten!
24 Waren Sie schon in einer deutschen Wohnung oder in einem deutschen Haus?
25 Was hielten Sie davon?
   (Ich fand sie/es . . ./Ich habe sie/es . . . gefunden.)

The following vocabulary will be useful for discussing the contents of houses and gardens:

das Haus (⸚er), die Wohnung (-en)
die Tür (-en), die Schiebetür, das Fenster (-), der Teppich (-e), der Teppichboden, der Vorhang (⸚e), der Heizkörper (-), die Treppe (-n)

Das Wohnzimmer
der Tisch (-e), der Stuhl (⸚e), der Sessel (-), der Lehnstuhl (⸚e), die Stehlampe (-n), das Sofa (-s), der Fernseher (-)

Die Küche
der Herd (-e), der Kühlschrank/Tiefkühlschrank (⸚e), die Tiefkühltruhe (-n), die Waschmaschine (-n), der Wäscheschleuder (-), die Abspülmaschine (-n), der Speiseschrank (⸚e), die Speisekammer (-n)

Das Badezimmer

das Ausgußbecken (-), die Badewanne (-n), die Dusche (-n), die Brause (-n), das Waschbecken (-)

Das Schlafzimmer

der Kleiderschrank (¨), das Bett (-en)

Der Garten

der Schuppen (-), das Treibhaus (¨er), der Rasen (-), das Blumen-/Gemüsebeet (-e), der Baum (¨e), der Obstbaum (¨e), der Zaun (¨e), die Hecke (-n), die Mauer (-n), die Gartentür (-en), der Fußweg (-)

The following adjectives and phrases will be useful for describing buildings:

groß, klein, hoch*, niedrig, riesig, schön, häßlich, geräumig, eng, modern, alt(modisch)
aus Stein, aus Backstein, aus Beton, aus Glas, aus Stahl

Remember to add the correct adjectival endings when the adjective is used attributively, i.e. when it stands immediately before the noun:

Nominative: Es ist | ein groß**er** Garten. (m)
eine groß**e** Wohnung. (f)
ein groß**es** Haus. (n)

Accusative: Wir haben | einen groß**en** Garten. (m)
eine groß**e** Wohnung. (f)
ein groß**es** Haus. (n)

Dative: Es steht in einem groß**en** Garten. (m)
Wir wohnen | in einer groß**en** Wohnung. (f)
in einem groß**en** Haus. (n)

Ich habe . . . expresses what *you've got.*
Ich hatte . . . expresses what *you used to have.*
Ich hätte gern/lieber . . . expresses what *you'd like/you'd prefer to have.*

e.g. Ich habe ein kleines Schlafzimmer.
Ich **hätte gern/lieber** ein großes Zimmer.

---

* Note that **hoch** becomes **hoh-** when an ending is added: Das Haus ist hoch. *But:* Ein hohes Haus.

X Using the above examples as a model, make up some sentences of your own. You will probably want to use some comparative adjectives (i.e. größer, besser, wärmer, bequemer, geräumiger, enger, etc.). Remember that they too must have an ending: e.g. ein größer**es** Zimmer, etc.

The following adverbs are useful for qualifying adjectives:

sehr (*very*)	recht (*very*)
etwas (*somewhat*)	äußerst (*extremely*)
ziemlich (*quite*)	bitter (*bitterly*)
ein bißchen (*a bit*)	unglaublich (*unbelievably*)
schön (*nice and*)	modisch (*fashionably*)
gut (*well*)	modern (*in a modern way*)

X Use appropriate adverbs from the above list to complete the following sentences. Then say what they mean:
1 Mein Schlafzimmer ist . . . . . . groß aber es ist . . . . . . kalt.
2 Unser Wohnzimmer ist . . . . . . bequem.
3 Unser Haus ist . . . . . . weit von der Schule entfernt.
4 Unser Garten ist . . . . . . groß.
5 Unsere Wohnung ist . . . . . . modern.
6 Unser Haus ist . . . . . . möbliert.
7 Die Zimmer sind . . . . . . tapeziert und gestrichen.
8 Unsere Möbel sind . . . . . . altmodisch.

X Describe a room you know using the following:
1 Mitten im Zimmer steht/stehen . . . . . .
2 Hinter der Tür steht/stehen . . . . . .
3 Auf dem Fußboden liegt/liegen . . . . . .
4 Zwischen dem/der/dem . . . . . . und dem/der/dem . . . . . . steht/stehen . . . . . .
5 An der Wand hängt/hängen . . . . . .
6 Rechts vom/von der/vom . . . . . . steht/stehen . . . . . .
7 In der Ecke steht/stehen . . . . . .
8 Auf dem/der/dem . . . . . . steht/stehen . . . . . .

It is rather difficult to express 'detached', 'semi-detached', etc. in German and this is best avoided. If you need to be more precise, the following expressions, though in some cases a bit wordy, will express the ideas:

ein Einfamilienhaus/eine Villa – detached house
eine Doppelhaushälfte – semi-detached house
ein einstöckiges Haus – bungalow
ein Reihenhaus – terraced house/town house
eine Häuserreihe – terrace (of houses)
ein Reiheneckhaus – end of terrace house

The following vocabulary may also be useful:

die Wohnung (-en)
das Appartement/Luxusappartement (-s)
das (kleine) Landhaus/der Landsitz (-e)
das Bauernhaus (ᵉer)
der Hof (ᵉe)/Bauernhof (ᵉe)/der Gutshof (ᵉe)
das Zweifamilienhaus/das Mehrfamilienhaus
der Wohnblock (ᵉe)
das Blockhaus
das Hochhaus

---

5. Schulfächer und Prüfungen

— Welche Fächer haben Sie in der Schule?
— Ich habe Mathe, Englisch, Religion und Musik . . .
— Das sind Pflichtfächer vermutlich? *(requirement)*
— Ja. Und als Wahlfächer habe ich Französisch, Deutsch, Erdkunde, Geschichte und Englische Literatur.
— Und treiben Sie Sport?
— Natürlich. Jede Woche haben wir eine Doppelstunde Sport, und eine Einzelstunde P.E., wie wir das nennen: das heißt Turnen, Geländelauf, Leichtathletik, und so weiter. *Gymnastics*
— Welche anderen Sportarten betreibt man an Ihrer Schule?
— Die Mädchen spielen Hockey und Netzball; wir Jungen spielen Fußball, Rugby und Kricket; beide spielen Volleyball und Tennis.

— Sie bereiten sich momentan auf verschiedene Prüfungen vor, nicht wahr?
— Jawohl. In ein paar Wochen fangen die schriftlichen Prüfungen an. Ich mache das GCE Examen in fünf Fächern und das CSE Examen in vier Fächern. *classes*
— Glauben Sie, Sie werden all diese Prüfungen bestehen?
— Ich hoffe es, aber das ist nicht sicher. In Mathe und Erdkunde bin ich sehr schwach. Ich könnte in diesen zwei Fächern durchfallen. Ich glaube, ich habe in den anderen Fächern bessere Aussichten.
— Mögen Sie alle Fächer gleich gerne?
— Natürlich nicht! Ich mag gern Fremdsprachen und Literatur, aber Mathe und Erdkunde mag ich nicht.
— Warum?
— Ich finde Mathe schwer, und den Erdkundelehrer mag ich nicht. Er ist sehr langweilig!
— Was halten Sie von Prüfungen?
— Ich habe Angst davor!
— Bereiten Sie sich fleißig darauf vor?
— Ich glaube schon. Ich büffle stundenlang jeden Abend und habe sehr wenig Freizeit. Ich werde froh sein, wenn ich sie hinter mir habe!

1 Und Sie? Welche Fächer lernen Sie?
2 Welche Fächer sind Pflichtfächer bei Ihnen?
3 Welche sind Wahlfächer?
4 Was ist Ihr Lieblingsfach? Warum?
5 Welche Fächer mögen Sie gar nicht?
6 Was halten Sie von Ihren Lehrerinnen und Lehrern?
7 Seit wann lernen Sie Deutsch?
8 Lernen Sie andere Fremdsprachen?
9 Kann man bei Ihnen Latein oder Griechisch lernen?
10 In welchem Schuljahr sind Sie?
11 In welchen Fächern machen Sie das GCE Examen?
12 Und das CSE Examen?
13 Glauben Sie, Sie werden sie alle bestehen?
14 In welchen Fächern werden Sie vermutlich durchfallen?
15 Wieviele mündliche Prüfungen machen Sie?
16 In welchen Fächern?

17 Welche Sportarten betreiben die Mädchen an Ihrer Schule?
18 Welche Sportarten betreiben die Jungen?
19 Welche Sportarten betreiben sowohl Mädchen als Jungen?
20 In vielen Schulen lernen nur Mädchen Stenographie, Schreibmaschine, Kochen u.s.w., und nur Jungen lernen Fächer wie Technisches Werken. Ist das der Fall an Ihrer Schule?
21 Finden Sie das sinnvoll?
22 Warum ist das so oft der Fall, Ihrer Meinung nach?
23 Versuchen Sie auf deutsch zu erklären, was ,,ein Wahlfach" und ,,ein Pflichtfach" sind.

___

The following list of school subjects will be useful when talking about your studies:

Mathe(matik)	Religion
Englisch	Wirtschaftslehre
Englische Literatur	Kunst(erziehung)
Französisch	Zeichnen/Modellieren
Deutsch	Kunstgeschichte
Spanisch	Photographie
Latein	Technisches Werken (Holz- und Metallarbeit)
Griechisch	
Geschichte	Handarbeit
Erdkunde/Geographie	Schreibmaschine
Physik	Stenographie
Chemie	Kochen/Hauswirtschaft
Biologie	Sport
Musik	Turnen

Talk about your school timetable using the following expressions:

Am Montagmorgen in der ersten Stunde habe ich . . .
Am Dienstagvormittag in der zweiten Stunde habe ich . . .
Am Mittwochnachmittag in der dritten Stunde habe ich . . . etc.

Comment on your likes and dislikes by completing the following sentences with various school subjects and activities:

1 . . . . . mag ich (besonders/sehr) gern.
2 Ich mag . . . . . . (gar) nicht.
3 . . . . . gefällt mir (gut).
4 . . . . . und . . . . . gefallen mir nicht.
5 Ich kann . . . . . . nicht leiden.
6 Ich bin an . . . . . . (stark) interessiert.
7 Ich finde . . . . . . (ein bißchen/sehr/äußerst) langweilig.
8 . . . . . finde ich (sehr) interessant.
9 Ich finde . . . . . . (ziemlich/sehr) schwer.
10 In . . . . . bin ich (ein bißchen/sehr/besonders) schwach.
11 Für . . . . . . habe ich (nicht) viel übrig.

Here are some words and expressions which will help you talk about school work and examinations:

eine Arbeit schreiben
einen Test schreiben
eine Prüfung/ein Examen machen/ablegen
eine schwierige/schwere/leichte Prüfung
ein schwieriges/schweres/leichtes Examen
sich auf eine Prüfung/ein Examen vorbereiten
die Prüfung/das Examen bestehen/erfolgreich ablegen

bei/in der Prüfung	durchfliegen
beim/im Examen	durchrasseln
	durchfallen

für	die Prüfung	lernen
	das Examen	büffeln

eine schriftliche/mündliche Prüfung

'How long have you been . . .-ing?'

Practise questions with **seit wann**? remembering to answer in the present tense with **seit** + dative:

e.g. Seit wann wohnen Sie in der Gegend?
—Ich wohne seit einer Woche/einem Monat/einem Jahr/ zwei Wochen/zwei Monaten/zwei Jahren dort.

1 Seit wann wohnen Sie in diesem Haus/in dieser Wohnung?
2 Seit wann arbeitet Ihr Vater/Ihre Mutter dort?
3 Seit wann haben Ihre Eltern dieses Auto?
4 Seit wann kommen Sie zu dieser Schule?
5 Seit wann sind Sie in dieser Klasse?
6 Seit wann lernen Sie fürs GCE/CSE Examen?
7 Seit wann lernen Sie Deutsch?
8 Seit wann lernen Sie Erdkunde?
9 Seit wann kennen Sie Ihren Freund X/Ihre Freundin Y?
10 Seit wann ist Herr/Frau/Fräulein Z Ihr(e) Deutschlehrer(in)?

---

6. Fremdsprachen lernen

— Seit wann lernen Sie Deutsch?
— Seit drei Jahren. Ich habe im dritten Schuljahr damit angefangen.
— Finden Sie es schwierig?
— Ja, ich finde die Grammatik sehr kompliziert, besonders die Verben und die Fälle: der/die/das/den/die/das, und so weiter.
— Sie sprechen es aber gut. Sind Sie der Beste in Ihrer Klasse?
— Nein. Eins der Mädchen ist besser als ich. Ich glaube ich bin der Zweitbeste.
— Woher kommt es, daß Sie so gut Deutsch sprechen?
— Ich war schon zweimal in Deutschland, das heißt ich habe zweimal am Schüleraustausch teilgenommen. Das hat mir viel geholfen.
— Welche Methoden benutzt man an Ihrer Schule im Fremdsprachenunterricht?
— Das hängt vom Lehrer ab. Unser Deutschlehrer benutzt eine traditionelle Methode, das heißt man lernt meistens aus dem Lehrbuch. Er liest den Text vor und wir wiederholen die Sätze. Dann müssen einzelne Schüler Sätze vorlesen. Dann stellt er Fragen über den Text und wir antworten mündlich. Als Hausaufgabe müssen wir

dann dieselben Fragen schriftlich beantworten. Es ist furchtbar langweilig!
— Warum sagen Sie das?
— Weil alle Stunden gleich sind.
— Hören Sie manchmal andere Stimmen als die Ihres Lehrers?
— Vielleicht zweimal im Jahr kommen deutsche Gäste zu uns. Wir sollen ihnen Fragen stellen, aber das ist den meisten Schülerinnen und Schülern peinlich und sie sprechen nicht viel.
— Ist Ihnen das auch peinlich?
— Nein, nicht besonders.
— Benutzen alle Lehrerinnen und Lehrer diese Methode?
— Nein. Eine der Lehrerinnen benutzt eine audio-visuelle Methode. Ihre Klassen haben die Gelegenheit, viele deutsche Stimmen auf Band zu hören. Sie sehen Dias, Filme und Fernsehsendungen an, und besprechen sie auf Deutsch. Das muß viel interessanter sein.
— Hat Ihre Schule ein Sprachlabor?
— Ja, aber unser Lehrer benutzt es nie. Er hält es für überflüssig. Er sagt, es sei zu langweilig!

 1 Welche Fremdsprachen kann man an Ihrer Schule lernen?
2 Was ist die erste Fremdsprache, die man dort lernt?
3 Wer darf eine zweite Fremdsprache lernen?
4 Wieviele Fremdsprachen lernen Sie im Moment?
5 Haben Sie eine schon aufgegeben?
6 Wenn Sie auch Französisch oder Spanisch lernen, welche der Sprachen finden Sie die schwierigste?
7 Wann haben Sie mit Deutsch angefangen?
8 Wie oft haben deutsche Gäste in Ihren Klassen hospitiert?
9 Wer waren diese Gäste?
10 Woher kamen sie?
11 Wie haben die Schülerinnen und Schüler auf diese Gäste reagiert?
12 Welche Fragen haben sie den Gästen gestellt?
13 Hat Ihre Schule einen Austausch mit einer deutschen Schule?
14 Wie oft haben Sie persönlich daran teilgenommen?

15 Benutzen die Lehrkräfte an Ihrer Schule traditionelle oder moderne Lehrmethoden?
16 Beschreiben Sie eine typische Deutschstunde!
17 Wie oft in der Woche haben Sie Deutschunterricht?
18 Wie oft hören Sie Texte und Gespräche auf Band?
19 Wie oft geht Ihre Klasse ins Sprachlabor?
20 Wie oft sieht Ihre Klasse im Sprachunterricht Dias oder Bilder an? Und Fernsehsendungen?
21 Wie oft hören Sie Radiosendungen an?
22 Was ist, Ihrer Meinung nach, die beste Methode, um eine Fremdsprache zu lernen?

The following words and expressions will be useful for discussing language learning and learning generally:

ein Gespräch	anhören
einen Dialog	(vor)lesen
einen Text	

ein Wort/Wörter	
einen Ausdruck/Ausdrücke	wiederholen
einen Satz/Sätze	

Fragen beantworten/auf Fragen antworten
mündlich/schriftlich

| Grammatik/Regeln/Strukturen/Verben | lernen |
| Vokabeln/Fälle/Endungen | |

ein Diktat schreiben
einen Text vorbereiten
sich Notizen machen
Übungen machen/schreiben

| einen Text | ins Englische | übersetzen |
| Texte | ins Deutsche | |

| eine Fernsehsendung | ansehen/anschauen |
| eine Sendung im Fernsehen | |

| eine Radiosendung | anhören |
| eine Sendung im Radio | |

einen Film sehen

| ein Dia/Dias | beschreiben |
| ein Bild/Bilder | besprechen |

| eine Geschichte/Geschichten | auf deutsch schreiben |
| einen Aufsatz/Aufsätze | |

eine Geschichte nacherzählen

sich auf einen Test vorbereiten
| einen Test/Tests | schreiben |
| eine Arbeit/Arbeiten | |

eine gute/schlechte Note bekommen/kriegen
Fehler verbessern/korrigieren

| sich mit | dem Assistenten | unterhalten |
| | der Assistentin | |

einzeln/gruppenweise/gemeinsam

| einen guten Akzent | haben |
| eine gute Intonation | |

| (ziemlich/sehr) fließend | sprechen |
| (etwas/ein bißchen) unsicher | |

X Use some of the above expressions to practise clauses with **bevor/nachdem**. Note the position of the verbs very carefully:

e.g. **Bevor wir** Fragen schriftlich **beantworten**, **beantworten wir** sie mündlich.
Nachdem wir das Gespräch auf Band **gehört haben, stellt der Lehrer** Fragen darüber.

X Practise the use of **müssen . . . . . .** + infinitive and **brauchen, ... zu** + infinitive by completing the following sentences:

e.g. Um die Rechtschreibung zu verbessern,
| muß man möglichst viel lesen.
| braucht man möglichst viel zu lesen.

1 Um eine Fremdsprache fließend sprechen zu können, ...
2 Um einen guten Akzent und eine gute Intonation zu haben, ...
3 Um die Grammatik einer Fremdsprache zu beherrschen, ...
4 Um Vokabeln zu lernen, ...
5 Um Fortschritte zu machen, ...

✗ Practise saying what one of a number of people does/is/has, etc., by completing the following with any statement you wish:

1 Einer | der | Lehrer . . .
     | unserer |
     | von | den |
     | unseren | Lehrern . . .

2 Eine | der | Lehrerinnen . . .
     | unserer |
     | von | den |
     | unseren |

3 Einer | meiner Freunde . . .
     | von meinen Freunden . . .

4 Einer | meiner | Klassenkameraden . . .
     | von meinen |

5 Eine | meiner | Freundinnen . . .
     | von meinen | Klassenkameradinnen . . .

6 Ein Freund | von mir . . .
   Eine Freundin |
   Ein Bekannter |
   Eine Bekannte |
   Ein Verwandter |
   Eine Verwandte |

7. Am Freitagabend

— Was machen Sie am Freitagabend, Donna? Ist dieser Abend anders als an anderen Schultagen?
— Für mich ist Freitagabend genau wie andere Abende in der Woche; das heißt, ich bleibe zu Hause und mache meine Hausaufgaben fertig. Auf diese Weise habe ich dann das Wochenende frei.
— Und Sie, Neil?
— Meine Hausaufgaben lasse ich immer bis Sonntagabend liegen. Am Freitagabend gehe ich immer aus.
— Wohin?
— Meistens in den Jugendklub.
— Wo ist der Jugendklub?
— In einem Nebengebäude der Schule.
— Ist der Klub jeden Abend offen?
— Nein, zweimal pro Woche, am Dienstagabend und am Freitagabend.
— Wie lange ist der Klub offen, Donna?
— Von 19 Uhr bis 22 Uhr 30 . . . länger aber, wenn ein Discoabend stattfindet.
— Gibt es oft Discoabende?
— Ziemlich oft . . . Sagen wir, einmal im Monat.
— Was macht man an Abenden, wenn keine Disco stattfindet?
— Nichts Besonderes. Man trifft sich mit Freundinnen und Freunden. Man sitzt, trinkt Kaffee, plaudert, bespricht, was man am Wochenende machen wird, erzählt sich Witze, flirtet . . .
— Gibt es Gelegenheiten zum Spielen, Neil?
— Ja, es sind zwei Tischtennisplatten und ein Billardtisch da. Man kann auch Darts spielen. Wir dürfen auch die Sporthalle benutzen. Da gibt es eine Judomatte. Dort spielen wir Korbball, Volleyball und Federball. Gewichtheben können wir dort auch und trainieren.
— Wieviele Mitglieder hat der Klub eigentlich?
— Ungefähr hundert Mitglieder.
— Was kostet das?
— Man zahlt einen Mitgliedsbeitrag von drei Pfund pro Jahr – dann ist alles kostenlos, ausgenommen wenn man Ausflüge macht.
— Ist der Klub beliebt?
— Ja, sehr.

? 1 Gehen Sie Freitag abends aus?
   2 Inwiefern ist Freitagabend für Sie anders als andere Abende der Woche?
   3 Wann machen Sie Ihre Hausaufgaben am Wochenende?
   4 Sind Sie Mitglied eines Schulklubs?
   5 An welchem Tag findet er statt?
   6 Um wieviel Uhr?
   7 Was tut man dort?
   8 Sind Sie Mitglied eines Klubs außerhalb der Schule?
   9 An welchem Abend findet er statt?

10 Von wann bis wann normalerweise?
11 Was tun Sie dort?
12 Wie oft gehen Sie auf Discos?
13 Wie lange dauert ein typischer Discoabend?
14 Was kostet der Eintritt?
15 Wann fangen solche Discoabende an?
16 Um wieviel Uhr sind sie gewöhnlich zu Ende?
17 Wer holt Sie normalerweise ab?
18 Was spielen englische Teenagers im Jugendklub?
19 Was für Sportarten betreibt man in einer
    Sporthalle?
20 Und im Freien?
21 Welche Sportarten betreiben englische Schulkinder
    im Winter?
22 Und im Sommer?
23 Welche Sportarten sind in Deutschland beliebt?
24 Warum geht man auf einen Sportplatz? Warum geht
    man zu einem Hallenbad?
25 Wie oft nehmen Sie an einem Ausflug teil?
26 Wer fährt mit?
27 Wohin haben Sie schon Ausflüge gemacht?
28 Was für Ausflüge haben Sie für die kommenden
    zwei oder drei Monate vor?

einen Ausflug	zur See	machen
eine Busfahrt	an die Küste	unternehmen
	nach London	

| einen Safaripark | besuchen |
| einen Zoo | |

| einen | Theaterbesuch | machen |
| | Kinobesuch | |

| an | einem Museumbesuch | teilnehmen |
| | einem Ausflug | |

schwimmen/baden

(gern/lieber/am liebsten)	drinnen bleiben
	draußen sein/spielen
	nach draußen gehen
	im Freien sein

den Abend	an der Tischtennisplatte	verbringen
	beim Tennisspielen	
	in der Sporthalle	

der Umkleideraum
sich umkleiden/umziehen
einen Traininganzug anziehen/anhaben

◼ The following phrases may be useful when describing
activities at a youth club or similar place:

Tennis		Musik hören
Billard		tanzen
Darts		miteinander plaudern
Karten		zusammen
Schach	spielen	sich (dumme) Witze erzählen
Korbball		miteinander scherzen
Volleyball		(viel) lachen
Federball		sich (gut) unterhalten

die Tischtennisplatte   sich amüsieren
der Ball (⁼e)   Kaffee/Cola trinken
das Netz   herumsitzen
der Schläger (-)

◼ The following expressions will be useful for describing
which/how many people do particular activities at a club:

welche	von uns . . .	die einen . . .
einige	von ihnen . . .	andere
ein paar		die anderen . . .
mehrere		die meisten
viele		
wenige		

X Practise these expressions by using them with some of
the activities given earlier. Use this as an opportunity to
practise a variety of tenses:

e.g. **Die einen** spielen in der Sporthalle.
Einige von uns haben Tennis gespielt.
Die anderen werden draußen bleiben.

✗ Practise word order (inversion of subject/verb) by completing the following with a variety of activities. Use different persons of the verb and different tenses:

1 Dort . . . . . .
2 Hier . . . . . .
3 In der Sporthalle . . . . . .
4 Auf dem Sportplatz . . . . . .
5 Im Jugendklub . . . . . .
6 Oft . . . . . .
7 Manchmal . . . . . .
8 Sehr selten . . . . . .
9 Im Sommer . . . . . .
10 Im Winter . . . . . .
11 Wenn es regnet, ...
12 Wenn das Wetter schön warm ist, ...
13 Dreimal wöchentlich . . . . . .
14 Jedesmal wenn ich zum Jugendklub gehe, ...

✗ Complete the following definitions. Remember that in these subordinate clauses the verb must come at the end:

1 Ein Mitglied ist eine Person, die . . . . . .
2 Ein Stadion ist ein Ort, wo . . . . . .
3 Eine Hausaufgabe ist eine Arbeit, die . . . . . .
4 Ein Jugendklub ist ein Ort, wo . . . . . .
5 Das Wochenende ist eine Zeit, | zu der . . . . . .
                                  | in der . . . . . .
6 Ein Kino ist ein Gebäude, | wo . . . . . .
                            | in dem . . . . . .

---

8. Taschengeld und Einkäufe

To get
— Bekommen Sie Taschengeld von Ihren Eltern, Carol?
— Ja. Jeden Freitagabend, wenn mein Vater von der Arbeit heimkommt, *to get* kriege ich von ihm drei Pfund. Manchmal vergißt er es. Dann muß ich ihn ums Geld bitten.
— Und Sie, Alan?
— Meine Eltern geben mir fünf Pfund pro Woche.
— Arbeiten Sie, um mehr Geld dazu zu verdienen? *to earn*

— Ich nicht . . . Fünf Pfund sind mir genug.
— Ich arbeite, denn ich finde drei Pfund viel zu wenig.
— Was machen Sie?
— Von Montag bis Freitag trage ich frühmorgens für etwa fünfzig Häuser Zeitungen aus. *Delivery papers*
— Und am Wochenende?
— Nein, das Wochenende halte ich mir lieber frei. Ich habe aber Freundinnen und Freunde, die dann arbeiten.
— Was machen sie?
— Meistens arbeiten sie in Supermärkten. Ein Mädchen arbeitet an einer Tankstelle als Tankwart. *gas attendant* Ein Freund von mir putzt Fenster und Schaufenster. Ein anderes Mädchen beaufsichtigt die Kinder der Nachbarn, wenn sie abends ausgehen.
— Was kaufen Sie mit dem Geld, das Sie verdienen?
— Ich oder meine Freundinnen und Freunde?
— Sie persönlich.
— Am Samstag mache ich gewöhnlich einen Einkaufsbummel durch die Stadt und kaufe mir Kleider, Kassetten, und so weiter, oder ich lasse mir die Haare schneiden. Ab und zu gehe ich ins Kino.
— Und Sie, Alan?
— Wenn ich mir etwas kaufen will – Kleider, Platten oder so was, muß ich dafür sparen.
— Und teuere Sachen . . . wenn Sie eine Stereoanlage oder einen Plattenspieler kaufen wollen, zum Beispiel?
— In dem Fall muß ich bis zum Geburtstag oder bis Weihnachten warten. Entweder kaufen es mir meine Eltern oder ich kaufe es mit dem Geld, das ich von verschiedenen Verwandten geschenkt bekomme.

?
1 Bekommen Sie Taschengeld?
2 Von wem?
3 An welchem Tag?
4 Wieviel bekommen Sie pro Woche?
5 Wieviel ist das in deutsches Geld umgerechnet?
6 Was halten Sie davon? (d.h. Ist es Ihnen genug?)
7 Wie oft gehen Sie in die Stadt bummeln?
8 Arbeiten Sie, um extra Geld zu verdienen?
9 Wann?
10 Was arbeiten Sie eigentlich?

11 Was arbeiten Ihre Schulkameradinnen und Schulkameraden?

12 Wie geben Sie Ihr Geld aus? (d.h. Was kaufen Sie damit?)

13 Wie verbringen Sie gewöhnlich den Samstagvormittag?

14 Mußten Sie einmal für etwas sparen?

15 Wie lange sparten Sie, bis Sie genug Geld hatten, um es kaufen zu können?

16 Was hat es gekostet?

17 Was haben Sie zum letzten Geburtstag geschenkt bekommen?

18 Was möchten Sie gern zum nächsten Geburtstag bekommen?

19 Was für Weihnachtsgeschenke haben Sie letztes Jahr bekommen?

20 Was für Weihnachtsgeschenke hoffen Sie dieses Jahr zu bekommen?

The following vocabulary will be useful for talking about part time jobs and money:

für/gegen/um Geld arbeiten
für die/bei den Nachbarn
der/die Babysitter
Kinder hüten/auf Kinder aufpassen/Kinder
  beaufsichtigen

Brot/Milch liefern
Zeitungen austragen
Autos/Fenster putzen
einen Laden säubern/sauber machen

in einem Supermarkt	arbeiten
in einer Bäckerei	
auf einem Hof	
in einem Blumenladen	
an einer Tankstelle, etc.	

als	Verkäufer(in)	arbeiten
	Kassierer(in)	
	Tankwart	

einen Garten/Gärten/Pflanzen/Blumenbeete pflegen
den Rasen mähen/Unkraut jäten/den Garten umgraben
abspülen/abtrocknen

| einer alten Dame | helfen |
| einem Bauern | |

Geld	verdienen
	(für etwas) sparen
	ausgeben
	leihen
	borgen
	schenken
	(geschenkt) bekommen/kriegen
	(be)zahlen
	vergeuden/verschwenden/verplempern

(zu) viel/(zu) wenig/(nicht) genug Geld
(sich) etwas kaufen
das hat mich/mir . . . . . . gekostet
(mein Taschengeld, etc.) reicht nicht

ein Bank-/Post-/Sparkassenkonto haben

| Geld | auf sein Konto überweisen |
| | von seinem Konto abheben |

einen Scheck einlösen
mit/durch Scheck (be)zahlen

sparsam/geizig/freigebig/verschwenderisch

The following will help you talk about what your friends, brothers, sisters, etc., do:

| Ein Freund | von mir . . . |
| Eine Freundin | |

Einer meiner	Freunde . . .
	Schulkameraden . . .
	Brüder . . .

Eine meiner	Freundinnen . . .
	Schulkameradinnen . . .
	Schwestern . . .

Einige meiner Freunde/Freundinnen, etc. . . . .
Ein anderer Freund/Bruder/Junge, etc. . . . .
Eine andere Freundin, etc. . . . .
Ein anderes Mädchen . . .

✗ Practise these phrases by combining them with jobs/ activities. Start each sentence with:
  Um Geld zu verdienen, . . .

  Note carefully the position of the verb:
  e.g. Um Geld zu verdienen, **pflegt ein Freund von mir** den Garten eines Nachbarn.

✗ Complete the following sentences by putting the phrases in brackets into the imperfect and/or perfect tense(s) in the persons indicated:

  e.g. Gestern (ich: in die Stadt fahren) und (ich: viel Geld ausgeben)

  Gestern **fuhr** ich in die Stadt und **gab** viel Geld aus.
  Gestern **bin** ich in die Stadt **gefahren** und **habe** viel Geld **ausgegeben**.

  1 Letztes Wochenende (ich: arbeiten) und (ich: fünf Pfund verdienen)
  2 Nach dem Abendessen (ich: abspülen) und (meine Mutter: abtrocknen)
  3 Letzten Dienstag (die Nachbarn: ausgehen) und (ich: auf ihre Kinder aufpassen)
  4 Vorgestern (ich: meiner alten Nachbarin helfen)
  5 Zum Geburtstag (ich: fünf Pfund von meinem Onkel bekommen)
  6 Letztes Jahr als Weihnachtsgeschenk (meine Eltern: mir zwanzig Pfund schenken)
  7 Als ich jünger war, (ich: mein Geld nie sparen)

✗ Complete the following definitions:
  1 Ein Supermarkt ist ein großer Laden, | wo | . . .
                                          | in dem |
  2 Kassierer und Kassierinnen sind Leute, die . . .
  3 Eine Tankstelle ist ein Ort, | wo . . .
                                 | an dem . . .
  4 Ein Tankwart ist jemand, der . . .
  5 ,,Putzen'' heißt . . .
  6 ,,Verdienen'' bedeutet . . .

9. **Partys**

— Gehen Sie oft auf Partys?
— Ungefähr einmal im Monat. Früher aber hat man sie viel häufiger veranstaltet.
— Warum gibt es jetzt weniger Partys?
— Man braucht natürlich ein Haus dazu. Die Eltern sind nicht mehr so bereit, zwanzig Teenager im Haus zu haben.
— Sind das also wilde Partys?
— Nein, ganz im Gegenteil.
— Warum sind die Eltern also dagegen?
— Manchmal sind die Eltern sauer auf uns, weil wir ein Möbelstück kaputtmachen oder ein Loch in den Teppichboden brennen. Die Musik finden die Nachbarn zu laut. Die jungen Leute machen viel Lärm mit ihren Mopeds und Motorrädern, wenn sie ankommen und abfahren; die Nachbarn beklagen sich dann bei den Eltern darüber. Die Eltern beklagen sich, weil wir ihrer Meinung nach das Haus in Unordnung bringen und nicht genügend aufräumen.
— Was machen Sie auf solchen Partys?
— Man steht, sitzt oder liegt herum . . . man plaudert und scherzt miteinander. Man hört Musik und tanzt.
— Rauchen Sie und Ihre Freundinnen und Freunde?
— Ein paar von ihnen rauchen. Die meisten haben es probiert und dann aufgegeben. Ich persönlich habe es nie angefangen.
— Warum?
— Erstens, weil es ungesund ist . . . und zweitens, weil Zigaretten so teuer geworden sind.
— Wird Alkohol getrunken?
— Einige meiner Freundinnen und Freunde trinken Alkohol. Auf unseren Partys machen wir das aber nicht. Das erlauben unsere Eltern nicht . . . Das ist streng verboten und wir respektieren das. Wir trinken nur alkoholfreie Getränke wie Coca-Cola.
— Wann ist die nächste Party?
— Ich habe eine Party für nächsten Samstagabend bei mir geplant.

— Wieviele Leute laden Sie ein?
— Ungefähr zwanzig.
— Werden Ihre Eltern dabei sein?
— Um Gottes Willen, nein! Sie werden den ganzen Abend weg sein!

1 Wie oft gehen Sie auf eine Party?
2 Haben Sie einmal selbst eine Party veranstaltet?
3 Wo hat die Party stattgefunden?
4 Was mußten Sie dafür besorgen?
5 Wieviele Gäste haben Sie eingeladen?
6 Was halten Ihre Eltern von solchen Partys? (*Answer*: Sie finden sie . . . *or*: Sie finden/denken, daß . . .)
7 Sind die Eltern Ihrer Freundinnen und Freunde meistens dafür oder dagegen?
8 Warum?
9 Haben sich einmal Nachbarn über eine Ihrer Partys beklagt?
10 Aus welchem Grund?
11 Ist etwas einmal schiefgegangen entweder vor, während, oder nach einer dieser Partys?
12 Wo kommen die Schallplatten und Kassetten her, die Sie auf Ihren Partys spielen?
13 Waren Ihre Eltern einmal sauer auf Sie?
14 Wann und warum?
15 Rauchen Sie?
16 Warum (nicht)?
17 Und Ihre Freundinnen und Freunde?
18 Wann haben Sie angefangen?
19 Wann haben Sie es aufgegeben?
20 Haben Ihre Eltern Ihnen etwas verboten? (*Answer*: Ich darf nicht . . .)
21 Haben Sie ein Moped oder ein Motorrad?
22 Seit wann?
23 Wer hat es Ihnen gekauft?
24 Was hat es gekostet?
25 War es neu oder gebraucht?
26 Was war die längste Fahrt, die Sie damit unternahmen?

27 Erzählen Sie von einer Party, auf die Sie einmal gegangen sind. (z.B. Wer war auch dabei? Was gab es zum Essen und zum Trinken? Wann hat sie angefangen? Was ist auf der Party passiert? Mit wem haben Sie getanzt? Um wieviel Uhr hat die Party geendet? Wer hat aufgeräumt? Ist etwas schiefgegangen?)

The following phrases and vocabulary will be useful when talking about parties and similar get-togethers:

eine Party geben/veranstalten
auf eine Party gehen
auf einer Party sein
(auch) da/dabei sein
der Gast (-̈e)

eine Einladung | schicken
bekommen/kriegen
annehmen/akzeptieren
ablehnen

einladen
Freunde/Freundinnen anrufen
mit Freunden/Freundinnen telephonieren

Schallplatten | besorgen
Kassetten | borgen

die Single (-s), die Langspielplatte (-en)
die Stereoanlage, das Tonbandgerät,
das Kassettengerät, das Kofferradio
Musik hören
(gut/schlecht/lange/wild) tanzen

Getränke | besorgen
Lebensmittel | (ein)kaufen

das Essen | machen
kochen
zubereiten

ein kaltes Büfett aufstellen/anrichten
kalte/warme/heiße Getränke servieren

nach der Party | aufräumen
abspülen

✗ Here are some of these expressions in sentences. You will need to change the infinitives in brackets to past participles. Then say what each sentence means:

Letzten Samstagabend habe ich eine Party (geben). Ich habe zwanzig Freundinnen und Freunde (einladen). Die meisten habe ich (anrufen); an zwei habe ich aber (schreiben) und ihnen eine Einladung (schicken). Meine Freundin und ich haben den ganzen Nachmittag (arbeiten) und haben ein schönes kaltes Büfett (aufstellen). Mein Bruder ist in die Stadt (fahren) und hat Getränke (kaufen).
Die ersten Gäste sind gegen 8 Uhr (kommen). Bis 8 Uhr 30 waren sie alle da. Wir haben (tanzen) und miteinander (plaudern), dann um 10 Uhr haben wir (essen). Wir haben das alles (aufessen) und haben dazu zehn Flaschen Apfelwein (trinken). Dann hat man (weitertanzen). Nach der Party sind zwei Freunde (bleiben) und wir haben (aufräumen).

◢ In the dialogue and the follow-up work you have met examples of verbs ending in **-ieren**. They are formed from words foreign to German (usually English, American, French, or Italian). They are easy to learn and are very useful. Their pattern is:
ich telefoniere/telefonierte/habe telefoniert

Here are some common ones:

(mit jemandem) telefonieren
etwas arrangieren
etwas organisieren
etwas akzeptieren
passieren (*perfect*: ist passiert)
etwas reparieren
(etwas/jemanden) fotografieren
(etwas/irgendwo) studieren
etwas servieren
(etwas/jemanden) kritisieren
(etwas) probieren/ausprobieren/anprobieren

✗ Make up at least one sentence with each of the above verbs.

◢ The prepositions **nach** + dative, **vor** + dative, and **während** + genitive are useful for answering the question **wann**?

e.g. **der Aufenthalt**: vor/nach dem Aufenthalt; während des Aufenthalts
die Fahrt: vor/nach der Fahrt; während der Fahrt
das Frühstück: vor/nach dem Frühstück; während des Frühstücks
die Ferien (*pl*): vor/nach den Ferien; während der Ferien

✗ Using the prepositions **vor**, **nach**, and **während**, make adverbial phrases with the following nouns:

die Party	die Mahlzeit
die Vorstellung	die Mittagspause
das Mittagessen	die Weihnachtsferien
die Sommerferien	die Überfahrt
der Film	das Abendessen
der Ausflug	die Osterferien

✗ Make up sentences which include the phrases you have just worked out. Remember that if the adverbial phrase comes first in the sentence, the subject and verb must be inverted. Use a mixture of past, present, and future tenses. Say what your sentences mean.

e.g. **Vor den Ferien habe ich** einen neuen Koffer gekauft.
Während des Aufenthalt(e)s werde ich mein Deutsch üben.
Nach dem Frühstück spüle ich immer ab.

10. Ein englischer Sonntag

— Wie verbringen Sie normalerweise den Sonntag, Sandra? Gehen Sie in die Kirche?
— Als ich jünger war, ging ich regelmäßig in die Kirche. Ich besuchte damals, was wir auf Englisch „Sunday School" nennen. Ich weiß nicht, wie das auf Deutsch heißt, oder ob es das in Deutschland überhaupt gibt. Heutzutage gehe ich nicht mehr hin.

— Sind Sie Katholikin?
— Nein, meine Familie ist evangelisch.
— Gehen Ihre Eltern in den Gottesdienst?
— Ja, sie gehen fast jeden Sonntag hin.
— Und Sie, Claire?
— Wir sind Katholiken. Meine Eltern bestehen darauf, daß ich jeden Sonntag frühmorgens zur Messe gehe.
— Und Sie, Chris?
— Keiner von meiner Familie geht in die Kirche.
— Sie haben also den ganzen Tag frei.
— Nein, am Sonntag machen meine Eltern und ich fast immer etwas gemeinsam.
— Zum Beispiel?
— Sonntags stehen wir ziemlich spät auf. Wir frühstücken und essen zu Mittag später als an anderen Tagen. Spät am Nachmittag fahren wir normalerweise irgendwohin aufs Land spazieren. Meine Eltern suchen einen ruhigen Ort – eine Wiese oder eine Lichtung im Wald – und dort halten wir uns zwei oder drei Stunden auf.
— Was machen Sie dort?
— Das hängt vom Wetter ab. Wenn es kalt ist, bleiben die Eltern im Auto sitzen. Wenn es mal warm und sonnig ist, sitzen sie auf ihren Klappstühlen. Vater liest die Zeitung und löst das Kreuzworträtsel oder hört den Kommentar zu einem Kricketspiel im Radio an. Mutter strickt oder döst. Ich sitze bei ihnen und lese oder gehe alleine spazieren.
— Dann fahren Sie direkt nach Hause zurück?
— Meistens kehren wir unterwegs auf dem Heimweg in einem Gartenlokal ein und kaufen uns etwas zu trinken.
— Gefällt es Ihnen, den Sonntag auf diese Weise zu verbringen?
— Nein, ich langweile mich fast zu Tode. Ich mache mit, weil ich meine Eltern nicht kränken will.
— Was machen Sie außer diesen Ausflügen?
— Dann und wann besuchen wir Verwandte, insbesondere meinen Onkel und meine Tante, die auf einem Hof wohnen. Das ist viel interessanter. Mein Cousin Kevin wohnt auch dort und wir kommen gut miteinander aus.

— Unternehmen Sie etwas gemeinsam?
— Nichts Besonderes. Wir verbringen die Zeit mit Faulenzen . . . wir gehen ein wenig bummeln.
— Das ist also ein Ruhetag?
— Das ist oft auch ein sehr langweiliger Tag!

 1 Wann stehen Sie sonntags auf?
2 Stehen Sie vor oder nach Ihren Eltern auf?
3 Wie verbringen Sie normalerweise den Sonntagvormittag?
4 Was unternehmen Sie am Nachmittag?
5 Was machen Sie am Abend?
6 Gingen Sie in die Kirche, als Sie jünger waren?
7 Gehen Sie immer noch in die Kirche?
8 Und Ihre Eltern und Geschwister?
9 Wo wohnen Ihre Verwandten?
10 Wie heißen sie?
11 Haben Sie Verwandte, die im Ausland wohnen? Wo?
12 Wie oft besuchen Sie Ihre Verwandten?
13 Wie kommen Sie mit ihnen aus?
14 Was unternehmen Sie gemeinsam mit Ihren Eltern am Wochenende?
15 Wieviele Kusinen und Cousins haben Sie?
16 Wie alt sind sie?
17 Was ist Ihrer Ansicht nach der langweiligste Tag der Woche?
18 Warum?
19 Was halten Sie vom Leben auf dem Lande?
20 Warum sind Sie dieser Meinung?
21 Was halten Sie vom Leben in der Stadt?
22 Warum?
23 Erzählen Sie, wie Sie einen typischen Sonntag verbringen. Benutzen Sie Ausdrücke wie: zuerst/zunächst . . . . . . , dann (um zehn Uhr, etc.) . . . . . . , später . . . . . . , nach + *dative* . . . . . . , (kurz) vor + *dative* . . . . . . , nachdem ich . . . . . . + *verb*, ehe/bevor ich . . . . . . + *verb*.

The following phrases will be useful for talking about what you do on a Sunday or at the weekends generally:

spät | aufstehen
    | frühstücken

ruhen/sich ausruhen
den ganzen Tag/Vormittag zu Hause verbringen
einschlafen/dösen/einnicken

den | Tag | mit | Faulenzen | verbringen
    | Vormittag | | Wandern |
    | Nachmittag | | Bergsteigen |
    | Abend | | Angeln, etc. |

nichts | Besonderes | tun
      | Anstrengendes | unternehmen

aufs Land fahren
(irgendwohin) spazierenfahren
sich (irgendwo) aufhalten
ein Picknick machen
auf einen Berg steigen

über Wiesen/Felder | wandern
durch Wälder |
einen Fluß entlang |

Verwandte | besuchen
Bekannte |

von | Verwandten | Besuch bekommen
    | Bekannten | besucht werden
    | den Großeltern |

das hängt | vom Wetter | ab
        | von der Jahreszeit |
        | von meinen Eltern |

das kommt | aufs Wetter | an
        | auf die Jahreszeit |
        | auf meine Eltern |

regelmäßig | in die Kirche | gehen
manchmal | zur Messe |
selten | in den Gottesdienst |
sonntags | in die Synagoge |
samstags | in die Moschee |

Katholik(in) | sein
Protestant(in) |
Jude/Jüdin |
Moslem/Muselman(n) |

sich (zu Tode) langweilen
sich (sehr) amüsieren/sich (gut) unterhalten
viel/wenig Spaß haben

X Practise some of these activities in the past tense (perfect and/or imperfect) by explaining what you did/used to do when you were younger. Use the following sentence pattern:

Als ich jünger war, ...
Als ich ein kleiner Junge war, ...
Als ich ein kleines Mädchen war, ...

1 sonntags viel wandern
2 sonntags gemeinsam mit den Eltern spazieren fahren
3 sonntags meine Oma und meinen Opa besuchen
4 sonntags spät aufstehen
5 sonntags spät frühstücken
6 sonntags zu Hause bleiben
7 sonntags regelmäßig in den Gottesdienst/zur Messe gehen
8 sich jeden Sonntag (zu Tode) langweilen
9 jeden Sonntag viel Spaß haben
10 fast jeden Sonntag Besuch bekommen

Note carefully the word order:

e.g. sonntags in die Kirche gehen

Als ich jünger war, | ging ich sonntags in die Kirche.
             | bin ich sonntags in die Kirche
                  gegangen.

X Say where your various relatives live, using the following as a model:

Ich habe | einen Verwandten, der in ...... wohnt.
        | eine Verwandte, die in ...... wohnt.
        | Verwandte, die in ...... wohnen.

Use the following:

der Bruder (·̈), die Schwester (-n)
der Cousin (-s), der Vetter (-n), die Kusine (-n)
der Onkel (-), die Tante (-n)
der Großvater (·̈), der Opa (-s), die Großmutter (·̈),
die Oma (-s), die Großeltern (*pl*)
der Neffe (-n), die Nichte (-n)
der Schwager (·̈), die Schwägerin (-nen)

You need not limit yourself to countries and towns; you
could also mention the part of the country:

e.g. in Nord-	england
Süd-	frankreich, etc.
Ost-	
West-	
Nordwest-	

Instead of limiting yourself to talking about what you
yourself do, you could also use the following:

wir alle . . . (*pl*)
meine Eltern und ich . . . (*pl*)
die ganze Familie . . . (*sing*)
keiner von uns . . . (*sing*)
einer meiner Brüder und ich . . . (*pl*)
eine meiner Schwestern und ich . . . (*pl*)
niemand in der Familie . . . (*sing*)

a Use each of the above with one or several of the
activities given earlier. Be careful to distinguish between
singular and plural subjects:

e.g. **Wir gehen alle** in die Kirche.
    Die ganze Familie geht in die Kirche.

b Now repeat your sentences, introducing each one with
phrases such as:

normalerweise, gewöhnlich, in der Regel, meistens, oft,
ab und zu, gelegentlich

Be careful with word order:
e.g. Normalerweise **gehen meine Eltern und ich** . . .

Say what your sentences mean.

11. Kleider machen Leute!

— Gibt es an Ihrer Schule eine Schuluniform, Peter?
— Ja, für die Jungen braune oder schwarze Schuhe, eine
  graue oder dunkelfarbige Hose, ein graues Hemd, ein
  blauer Pullover, eine dunkelblaue Jacke – einen „Blazer"
  nennen wir das auf Englisch – und eine Schulkrawatte.
— Von welchem Muster und welcher Farbe?
— Sie ist rot und grün gestreift.
— Und die Schuluniform für Mädchen?
— Im Sommer sollen sie ein gestreiftes Kleid tragen. Im
  Winter tragen sie entweder eine dunkelblaue Hose oder
  einen dunkelblauen Rock, eine Bluse und einen
  Pullover.
— Befolgen alle Kinder die Vorschriften der
  Schuluniform?
— Nur wenige – sagen wir fünf Prozent – beachten sie
  nicht; die meisten befolgen sie.
— Was darf man nicht zur Schule tragen, Linda?
— Man darf weder Jeans noch Schuhe mit hohen Absätzen
  tragen.
— Und Schmuck?
— Eigentlich darf man keinen Schmuck anhaben,
  ausgenommen einfache Ohrringe oder eine Kette mit
  einfachem Kreuz. Die meisten Lehrer sind aber nett und
  drücken ein Auge zu!
— Was tragen Sie außerhalb der Schule?
— Normalerweise trage ich bequeme Kleidung, meistens
  Jeans und einen Pullover. Wenn ich mit meinen Eltern
  ausgehe, ziehe ich mich anständig an. Ich bin aber nie
  elegant gekleidet!
— Und Sie, Peter?
— In meiner Freizeit kleide ich mich sehr salopp – Jeans,
  T-Shirt, Lederjacke – sogar wenn ich mit den Eltern
  ausgehe.
— Folgen Sie der Mode?
— Wenn ich es mir leisten kann und wenn die Mode mir
  gefällt. Zum Beispiel: Stiefel sind im Moment große
  Mode. Ich möchte mir gern ein Paar kaufen; sie sind mir
  aber viel zu teuer.

31

— Und Sie, Linda?
— Ich mache nicht jede Mode mit. Wenn etwas in Mode ist, was ich nicht mag oder was mir nicht gut steht, kaufe ich es mir nicht. Zum Beispiel bin ich ein bißchen dick, und sehr enge Hosen und kurze Röcke stehen mir nicht gut. Ich weiß es, trage sie also nie. Ich habe aber Freundinnen, die alle Moden mitmachen, ob die Kleider ihnen stehen oder nicht. Sie sehen meistens häßlich aus. Ich glaube, man muß nicht jede Mode mitmachen.

1 Gibt es an Ihrer Schule eine Schuluniform?
2 Was tragen die Jungen?
3 Wie sieht die Schuluniform für Mädchen im Sommer aus?
4 Was für eine Schuluniform tragen die Mädchen im Winter?
5 Was darf man unter keinen Umständen tragen?
6 Was für Schmuck darf man in der Schule tragen?
7 Wieviele der Kinder befolgen die Vorschriften und wieviele beachten sie nicht?
8 Wie streng sind die Lehrkräfte in dieser Hinsicht?
9 Was passiert den Kindern, die die Vorschriften nicht beachten?
10 Sind Sie persönlich für oder gegen Schuluniformen?
11 Warum sagen Sie das?
12 Ziehen Sie sich nach der Schule um? Wann?
13 Was ziehen Sie an?
14 Was tragen Sie am Wochenende?
15 Was ist Ihre Lieblingsfarbe?
16 Mögen Sie lieber dunkelfarbige oder hellfarbige Kleidung?
17 Was tragen die meisten jungen Leute zur Zeit?
18 Wie finden Sie diese Mode?
19 Inwiefern machen Sie selbst diese Mode mit?
20 Machen Sie alle Moden mit?
21 Gibt es eine Mode, die Sie für besonders unsinnig halten?
22 Tragen Sie manchmal schlampige Kleider?
23 Ist das Ihren Eltern egal?
24 Welches Kleidungsstück würden Sie sich kaufen, wenn Sie genug Geld hätten?

25 Was kostet augenblicklich
   a ein Paar Stiefel
   b ein Paar Jeans
   c eine Lederjacke?
26 Ist es Mode, Schmuck zu tragen?
27 Was für Schmuck trägt man?
28 Schminken sich die meisten Mädchen in Ihrem Alter? Und die Jungen?
29 Wie tragen die meisten Mädchen Ihre Haare im Moment? Und die Jungen?

 The following vocabulary and expressions will be useful for discussing clothes and fashion:

die Kleidung, die Kleider (pl)

die Hose (-n), das Hemd (-en), die Krawatte (-n), der Schlips (-e), der Pullover (-)/Pulli (-s), die Socke (-n), der Schuh (-e), der Stiefel (-), die Weste (-n), die Strickjacke/-weste (-n), der Rock (-ë), das Kleid (-er), die Bluse (-n), der Strumpf (ë), die Strumpfhose (-n), die Unterwäsche

der Anorak (-s), der Mantel/Regenmantel (ʺ), die Jacke (-n), der Anzug (ʺe), der Hut (ʺe), die Mütze (-n), der Handschuh (-e)
ein Paar Schuhe/Stiefel/Socken/Handschuhe, etc.

sich gut/geschmackvoll/elegant/schick/anständig/ schlampig/salopp kleiden
sich nach der neuesten Mode kleiden/der Mode folgen
(ein Kleidungsstück) anhaben/tragen
bequeme/formelle Kleider

dunkel, hell, ungemustert, einfarbig, kariert, gestreift, mit breiten Streifen, mit schmalen Streifen

aus Wolle, aus Baumwolle, aus Seide, aus Samt, aus Leder, aus Pelz, aus Denim, aus Kord(samt)

weiß, schwarz, grau, braun, grün, gelb, rot, rosa*, orange*, beige*, lila*, hellblau, dunkelrot, etc.

---

*These colours do not require any adjectival endings, e.g. ein **rosa** Hemd, ein **orange** Kleid, etc.

eng, groß, klein, kurz, lang, mittelkurz, mittellang

sich die Lippen/die Augen, etc. schminken

das Haar (die Haare) lang/kurz/gescheitelt tragen

sich das Haar (die Haare) färben/bleichen/tönen/
blondieren lassen

Adjectival endings in the singular were revised in section 4 (p. 17). Remember that adjectives in the nominative and accusative plural end in **-e** when not accompanied by a definite article or similar word:

e.g. *Nominative*: Das sind schön**e** Schuhe.
Accusative: Ich habe lang**e** Haare.

X For further practice in using adjectival endings, complete the following sentences with an adjective plus a noun (singular or plural) to do with clothing. Try to complete each sentence in several different ways:

1 Voriges Wochenende | habe ich mir . . . . . .
   Neulich | gekauft.
   Letzte Woche |

2 Ich würde nie . . . . . tragen!

3 Ich trage | im Moment | . . . . . .
       | oft |
       | manchmal |

4 Meine Freunde/Freundinnen und ich tragen . . . . . .

5 . . . . . steht/stehen mir (nicht) gut.

6 . . . . . paßt/passen | mir gut/nicht.
        | (nicht) zu meinen Haaren.

7 Ich trage | entweder . . . . . . oder . . . . . .
       | weder . . . . . . noch . . . . . .

X Complete the following sentences by adding a main clause of your own to each. It need not be limited to clothes, fashion, etc. Take particular care with word order.

e.g. Wenn ich mit meinen Eltern ausgehe, **trage ich** gepflegte Kleidung.

1 Wenn ich mit meinen Eltern ausgehe, ...

2 Wenn ich zur Schule gehe, ...

3 Wenn ich krank bin, ...

4 Wenn ich mit | meinem Freund | ausgehe,
          | meiner Freundin | . . . . .
          | meinen Freunden |
          | meinen Freundinnen |

5 Wenn ich Verwandte besuche, ...

6 Wenn ich zu Hause bleiben muß, ...

If you need to talk about something in German but don't know the German word for it, it is acceptable to use the English word provided that you add a phrase such as:

,,. . . . . .'' | wie wir das auf Englisch nennen
         | nennen wir das bei uns/auf Englisch
         | wird das auf Englisch genannt
         | wie wir auf Englisch sagen

auf Englisch ,,. . . . . .'' genannt

Of course this must not be overdone and should only be used once or twice in the course of the exam.
It is far better if you also give a description of the thing you are talking about:

e.g. Viele junge Leute tragen ,,leg-warmers'', wie wir das auf Englisch nennen. Das heißt lange, warme, wollene Strümpfe ohne Fußteil.

12. Hobbys und Interessen (1)

— Haben Sie Hobbys, Brian?

— Nein, ich habe keine Hobbys mehr. Als ich jünger war hatte ich viele. Ich sammelte Briefmarken und Münzen, ich bastelte alle Arten von Modellen, ich angelte, ich hatte allerlei Tiere . . . einen Hund, einen Hamster, weiße Mäuse, Kaninchen . . . viele Tiere. Aber jetzt habe ich zu viel Schularbeiten zu machen. Ich habe all diese Hobbys aufgegeben. Für Hobbys habe ich leider keine Zeit mehr!

— Was ist aus Ihren Sammlungen und Tieren geworden?

— Ich habe sie meinen Freundinnen und Freunden gegeben oder verkauft.

— Wofür interessieren Sie sich, Janet?

— Ich interessiere mich für Photographieren.

— Sie besitzen vermutlich einen Photoapparat?
— Ja, ich habe einen sehr guten japanischen Apparat. Er hat fünfzig Pfund gekostet und ich mußte sechs Monate dafür sparen.
— Entwickeln Sie Ihre eigenen Photos?
— Noch nicht. Das möchte ich gerne machen, aber man braucht eine teure Ausrüstung dazu. Vielleicht werde ich sie mir leisten können, wenn ich älter bin.
— Was photographieren Sie?
— Ich knipse meine Familie und meine Freundinnen und Freunde. Am liebsten aber mache ich Landschafts- und Naturaufnahmen – vom Meer, von Bäumen, von Tieren und so weiter. Meine besten Photos sind von Pferden.
— Seit wann haben Sie dieses Hobby?
— Ich interessiere mich seit zwei Jahren für Photographieren.
— Welche Hobbys haben Sie, Susan?
— Ich bin sehr gerne im Freien und habe keine Hobbys, wobei man im Haus hockt. Ich mag also Wandern, Radfahren, Bergsteigen. Ich bin bestimmt keine Stubenhockerin!

1 Welche Hobbys haben Sie im Moment?
2 Seit wann haben Sie sie?
3 Welche hatten Sie, als Sie jünger waren?
4 Was für Interessen würden Sie haben, wenn Geld keine Rolle spielte?
5 Mögen Sie Tiere?
6 Welche Tiere haben Sie als Haustiere?
7 Mußten Sie einmal eins Ihrer Hobbys aufgeben?
8 Warum?
9 Sammeln Sie etwas?
10 Was ist Ihre Sammlung wert?
11 Was für Ausrüstung brauchen Sie, um Ihre Hobbys zu betreiben?
12 Was hat die Ausrüstung gekostet?
13 Ist Photographieren eins Ihrer Hobbys?
14 Müssen Sie sich einen Photoapparat borgen, wenn Sie photographieren wollen?
15 Wovon haben Sie schon Photos geknipst?
16 Sparen Sie im Moment?
17 Wofür?
18 Wieviel haben Sie schon gespart?
19 Wann werden Sie den gewünschten Artikel kaufen können?
20 Nennen Sie drei Hobbys, die man im Freien betreibt.
21 Nennen Sie noch drei, die man im Haus betreibt.
22 Sind Sie ein(e) Stubenhocker(in)?

 The following vocabulary and phrases will be useful for talking about hobbies and interests:

das Hobby (-s), das Interesse (-n)
die Freizeit
sich interessieren für + *accusative*

Briefmarken	sammeln
Münzen/Geldscheine	
Streichholzschachteln	
Posters	
Platten/Kassetten	

die Sammlung (-en), das Album (pl. Alben)

Modelle	aus Holz	basteln.
	aus Papier	bauen.
	aus Plastik, etc.	

die Bastelei
Modellflugzeuge fliegen lassen
Modellschiffe schwimmen lassen
Modellautos fahren lassen
die Funkfernsteuerung; steuern

angeln, die Angelrute (-n), die Leine, der Haken (-)
einen Fisch fangen

das Haustier (-e), der Hund (-e), die Katze (-n), das Meerschweinchen (-), der Hamster (-), das Pferd (-e)

ein Tier	haben
	halten
	füttern

das Photo (-s), die Aufnahme (-n), das Dia (-s), der Film (-e), der Photoapparat (-e), die Kamera (-s)
knipsen
Photos entwickeln (lassen), die Dunkelkammer (-n)

kochen, stricken, tanzen, reiten, malen, zeichnen

Schlittschuhlaufen, Rollschuhlaufen, die Eisbahn (-en), die Rollschuhbahn, kegeln, die Kegelbahn

das Wandern, wandern

das Bergsteigen, einen Berg besteigen

das Radfahren, radeln/radfahren

Kanu fahren

das Segelboot, segeln

etwas besitzen

die Ausrüstung

(sich) etwas	kaufen
	borgen
	mieten
	besorgen

ein Hobby	anfangen
	haben
	betreiben
	aufgeben

IX Talk about your hobbies and interests by completing the following sentences. Give a number of examples for each sentence:

1 Als ich jünger war, ...
2 Ich habe keinen/keine/kein/keine (*pl*) . . . . . . mehr.
3 Ich . . . . . (+ *verb*) nicht mehr (. . . . . .)
4 Ich habe . . . . . aufgegeben.
5 Ich spare auf/für . . . . . . (+ *accusative*)
6 Ich interessiere mich (seit Jahren) für . . . . . . (+ *accusative*)

Ja/Nein

The examiner will try to avoid questions calling for a simple Yes/No answer. For the occasions when they do arise you are given a list of alternatives to **Ja/Nein** on p. 5. These make your answers more interesting, but you should take every opportunity to *extend your answers*. Look at the following examples which are of increasing difficulty:

Haben Sie einen Photoapparat?

— Ja/Natürlich.
— Ja, ich habe einen.

— Ja, ich habe einen deutschen Photoapparat.
— Ja, ich habe einen guten deutschen Photoapparat zu meinem letzten Geburtstag bekommen. Das war Anfang April. Mein Vater hat ihn gekauft. Er hat fünfzig Pfund gekostet . . . . . ., etc.

X Practise expanding answers to questions by thinking of as many different extra comments as you can to add to the following Yes/No answers. Some suggestions are given for the first one:

1 Haben Sie eine Briefmarkensammlung?

Ja, . . . (You have about 2,000 stamps from about 80 countries; you get stamps from pen-friends abroad or buy them; there is a stamp shop in the next town; you have been collecting stamps for about ten years; you are very interested in the hobby.)

Nein, . . . (You used to have one when you were younger; you aren't interested in stamps any more; you think it's a childish/silly hobby now; you sold your collection a few years ago; you bought records with the money.)

2 Sparen Sie im Moment?
Ja, . . ./Nein, . . .
3 Malen Sie?
Ja, . . ./Nein, . . .
4 Haben Sie ein Fahrrad?
Ja, . . ./Nein, . . .
5 Gehen Sie oft ins Schwimmbad?
Ja, . . ./Nein, . . .
6 Mögen Sie im Freien sein?
Ja, . . ./Nein, . . .
7 Können Sie Rollschuhlaufen?
Ja, . . ./Nein, . . .
8 Mögen Sie Tiere?
Ja, . . ./Nein, . . .
9 Haben Sie viel Freizeit?
Ja, . . ./Nein, . . .
10 Können Sie tanzen?
Ja, . . ./Nein, . . .

13. Hobbys und Interessen (2)

— Mögen Sie Sport, Alan?

— Nein, ich habe kein Interesse an Sport. Ich mag weder Sport treiben, noch Sport ansehen. Ich bin kein Sportler und bin nicht besonders fit.

— Und Sie, Karen . . . sind Sie Sportlerin?

— Ich mag gern Tennis spielen, aber ich habe nicht viel Talent. Ich spiele es nur aus Spaß.

— Treiben Sie viel Sport, Simon?

— Ja, ich bin ein eifriger Rugbyspieler. Ich bin Mitglied eines Rugbyvereins. Ich spiele in der zweitbesten Mannschaft. Wir spielen jeden Sonntagmorgen und trainieren zweimal in der Woche.

— Was machen Sie im Sommer, wenn keine Spiele stattfinden?

— Um in Form zu bleiben, gehe ich fast jeden Abend schwimmen.

— Wohin?

— Ins Hallenbad in der Stadtmitte. Ich bin kein guter Schwimmer, aber das macht mich sehr fit.

— Sind Sie musikalisch?

— Ich liebe Musik und höre sie gern. Ich bin aber nicht musikalisch, das heißt, ich spiele selbst kein Instrument. Als ich acht Jahre alt war, habe ich mit Klavierstunden angefangen. Ich habe es aber schwierig gefunden und ich war zu faul und konnte mich nicht konzentrieren. Ich wollte nicht regelmäßig üben.

— Sie haben es also aufgegeben?

— Ja. Und ich muß sagen, das war sehr dumm von mir!

— Haben Sie Talent für Musik, Karen?

— Ich lerne seit einem Jahr Gitarre spielen. Ich bin nicht besonders begabt, aber ich übe täglich. Ich glaube, ich mache große Fortschritte. Das macht mir viel Spaß.

— Haben Sie einen Lehrer?

— Ich habe eine Stunde pro Woche bei der Musiklehrerin in der Schule und eine Privatstunde dazu bei einem anderen Lehrer.

— Spielen Sie in einem Orchester oder in einer Gruppe . . . in einer Band?

— Nein, aber ich begleite meinen Bruder zum Klavier und wir singen und spielen manchmal auf Partys, an Discoabenden und so weiter. Wir sind aber keine Profis!

?

1 Sind Sie ein guter Sportler/eine gute Sportlerin?
2 Welche Sportarten schauen Sie gern an?
3 Spielen Sie in einer Mannschaft?
4 Was muß man machen, um fit zu bleiben?
5 Was ist sehr schlecht für die Gesundheit?
6 Sind Sie Mitglied eines Sportvereins?
7 Wie oft gehen Sie schwimmen?
8 Wohin gehen Sie schwimmen?
9 Wie weit können Sie schwimmen?
10 Was kostet der Eintritt ins Hallenbad?
11 Welche Instrumente spielen Sie?
12 Seit wann spielen Sie sie?
13 Haben Sie einen Lehrer?
14 Wie oft üben Sie?
15 Wo?
16 Haben Sie einmal ein Instrument angefangen und es später aufgegeben?
17 Warum?
18 Glauben Sie, Sie haben Begabung für Musik?
19 Spielen Sie in einem Orchester oder in einer Gruppe?
20 Haben Sie eine gute Stimme?
21 Singen Sie in einem Chor?
22 Haben Sie schon vor Publikum gesungen oder gespielt?

The following further vocabulary and expressions will be useful for discussing hobbies and interests:

(viel/wenig) Sport | ansehen/anschauen treiben

das Mitglied (-er); die Mannschaft (-en)

der | Sport- | verein
| Fußball-
| Judo-

(lange/oft/täglich) trainieren
fit/in Form | sein
         | bleiben

schwimmen, baden, tauchen, kraulen
ins Schwimmbad/Freibad/Hallenbad gehen

das Klavier, die Geige, die Gitarre, die Blockflöte, die
Trompete, das Saxophon, das Schlagzeug, das Cello

(die) Gitarre | anfangen
         | lernen
         | spielen
         | aufgeben

am/auf dem Klavier *etc.* üben
wenig/tüchtig/regelmäßig
große/rasche Fortschritte machen
(gar nicht) musikalisch sein

(keine) Begabung | haben für + *accusative*
(kein) Talent |
(kein) Interesse |

✗ Talk about your interests and talents (or lack of them!)
by completing the following sentences. Give a number of
examples for each sentence:

1 Ich mag gern . . . . . . (+ *noun/infinitive*)
2 Ich mag weder . . . . . . noch . . . . . . (+ *n/i*)
3 Ich mag sowohl . . . . . . als (auch) . . . . . . (+ *n/i*)
4 Ich habe kein/wenig/viel Interesse an . . . . . . (+ *n*)
5 Ich habe kein/wenig/viel Talent für . . . . . . (+ *n*)
6 Ich habe keine/wenig/viel Begabung für . . . . . .
    (+ *n*)
7 Als ich acht Jahre alt war, ... (+ *verb*)
8 Als ich zwölf Jahre alt war, ... (+ *v*)

◢ If you know a noun for the person rather than the
activity (i.e. 'tennis player' rather than 'tennis', 'singer'
rather than 'singing', etc.) you can use this to express
your interests. Note the adjectival endings very
carefully:

Ich bin | (k)ein gut**er** Tennisspieler.
      | (k)eine gut**e** Tennisspielerin.

The following adjectives will be useful in this context:

gut, schlecht, schwach, stark, schrecklich, unbeholfen,
mittelmäßig, begeistert, leidenschaftlich, talentiert,
eifrig, fanatisch, ausgezeichnet

✗ Use some of these adjectives with nouns, basing your
sentences on the model given above. The following
nouns will give you a start:

der/die Tänzer(in)
der/die | Schachspieler(in)
       | Gitarrespieler(in)
der/die Sänger(in)
der/die Schwimmer(in)
der/die Angler(in)
der/die Briefmarkensammler(in)

14. Lesen, Fernsehen, Radio und Kino

— Lesen Sie viel, David?
— Ich lese gelegentlich die Zeitung. Ich kaufe mir eine
   Zeitschrift zum Lesen, wenn ich irgendwohin mit dem
   Zug fahre.
— Lesen Sie die ganze Zeitung?
— Nein. Ich lese bloß das Titelblatt und die Artikel, die mir
   ins Auge springen . . . und die Sportseite natürlich, um
   mir die Fußballergebnisse anzuschauen.
— Was für Zeitschriften kaufen Sie sich?
— Meistens Pop- oder Sportzeitschriften.
— Und Bücher? Lesen Sie auch Bücher?
— Ich habe Romane, Theaterstücke und Gedichte für das
   Literaturexamen gelesen. Außer diesen Werken habe
   ich nicht viele Bücher gelesen. Ich bin kein großer Leser.

— Sehen Sie oft fern, Barbara?
— Ich gucke fast jeden Abend ein paar Stunden fern.
   Leider kann ich aber oft nicht das sehen, was ich am
   liebsten sehen möchte.
— Wieso denn?
— Am frühen Abend wollen meine jüngeren Brüder die
   Kindersendungen anschauen . . . Trickfilme und so

weiter. Das finde ich alles Quatsch! Dann kommt mein Vater von der Arbeit nach Hause und schaut die Nachrichten an. Am späteren Abend will er Sendungen über Politik und allerlei Dokumentarsendungen ansehen. Meine Mutter mag die Quizsendungen und alte Liebesfilme. Das alles interessiert mich gar nicht.

— Was sehen Sie sich am liebsten an?

— Sendungen über Sport, besonders Leichtathletik und Schwimmen.

— Gehen Sie oft ins Kino, Graham?

— Das hängt von der Jahreszeit ab; im Winter gehe ich häufiger als im Sommer. Es hängt auch davon ab, ob ich eine Freundin habe. Wenn ich mit einem Mädchen ausgehe, gehen wir entweder ins Kino oder auf eine Party.

— Was für Filme mögen Sie am liebsten?

— „Schnulzen" über Tiere und Kinder kann ich nicht leiden. Lustspielfilme mag ich auch nicht besonders gern. Ich mag lieber Detektivfilme und Spionagefilme . . . auch Kriegsfilme. Am liebsten mag ich aber Wildwestfilme . . . Ich schwärme dafür! Besonders die klassischen alten Filme mit John Wayne, Gary Cooper, und so weiter.

— Hören Sie manchmal Radio, Sandra?

— Ich höre nie Radio, ausgenommen wenn ich meine Hausaufgaben mache oder mich im Schlafzimmer ausruhe. Dann höre ich Popmusik im Kofferradio. Aber meistens setze ich den Kopfhörer auf und höre mir meine eigenen Platten und Kassetten an.

— Was für Musik ziehen Sie vor?

— Ich mag gern Popmusik. Leichtere klassische Musik höre ich mir auch gern an.

? 1 Was für Lesestoff mögen Sie am liebsten?
2 Bekommt Ihre Familie regelmäßig eine Tageszeitung?
3 Welche Artikel lesen Sie in der Zeitung?
4 Was für Zeitschriften lesen Sie am häufigsten?
5 Haben Sie ein Abonnement für eine Zeitschrift?
6 Welche Romane, Theaterstücke und Gedichte haben Sie fürs Literaturexamen behandeln müssen?
7 Welches Werk hat Ihnen am besten gefallen?

8 Abgesehen von diesen Werken, welche weiteren Bücher haben Sie unlängst gelesen?
9 Wer ist Ihr(e) Lieblingsschriftsteller(in)?
10 Warum mögen Sie seine/ihre Werke so sehr?
11 Wann sehen Sie fern?
12 Was sind Ihre Lieblingssendungen?
13 Was haben Sie gestern Abend im Fernsehen angeschaut?
14 Welche Sendungen finden Sie uninteressant?
15 Wie findet man heraus, was im Fernsehen läuft?
16 Wie oft gehen Sie ins Kino?
17 Was läuft diese Woche?
18 Wann waren Sie zum letztenmal im Kino?
19 Wie hieß der Film, den Sie gesehen haben?
20 Hat er Sie begeistert oder enttäuscht?
21 Wer ist Ihrer Meinung nach der beste Filmschauspieler und die beste Schauspielerin der Gegenwart?
22 Wer war Ihrer Meinung nach der größte Filmstar aller Zeiten?
23 Wie oft hören Sie Radio?
24 Was für Radiosendungen hören Sie sich am häufigsten an?
25 Wann haben Sie zum letztenmal Radio gehört?
26 Haben Sie eine Stereoanlage oder ein Kassettengerät in Ihrem Zimmer?
27 Wieviele Platten oder Kassetten besitzen Sie?
28 Was für Musik hören Sie gern?
29 Welches ist Ihre Lieblingspopgruppe?
30 Wer ist Ihr(e) Lieblingssänger(in)? Sprechen Sie ein bißchen über ihn/sie. (Wo kommt er/sie her? Wie alt ist er/sie? Wie sieht er/sie aus? u.s.w.)

The following vocabulary and expressions will be useful for discussing reading, cinema, television, radio, etc.:

Lektüre
die Zeitung (-n), die Zeitschrift (-en), das Magazin (-e), das Buch (¨er), der Roman (-e), die Novelle (-n), die Story (-s), die Geschichte (-n), der Krimi (-s), das Gedicht (-e), das Theaterstück (-e)

das Titelblatt, die Schlagzeile (*pl*), der Artikel (-), das Horoskop (-e), das Kreuzworträtsel (-), die Annonce (-n), die Anzeige (-n), das Inserat (-e), die Karikaturenreihe (-n), die Sportseite (-n), das Kino-, Theater-, Radio-, Fernsehprogramm (-e); die Nachrichten (*pl*)

Artikel über | (die) Politik
| (die) Mode
| (die) Probleme der Jugend, etc.

Kino

der Film (-e), der Wildwestfilm, der Zeichentrickfilm, der Liebesfilm, der Kriegsfilm, der Science-Fiction-Film, der Krimi (-s), der Spionagefilm, der Horrorfilm, das Musical (-s), der Lustspielfilm, die Schnulze (-n)

ein Film | von Polanski, Hitchcock, etc.
| von/mit Clint Eastwood, Bo Derreck, etc.
| über Spionage/den zweiten Weltkrieg

Radio, Fernsehen, Musik

die Sendung (-en), die Dokumentarsendung, die Varieté-Sendung, die Open-University-Sendung, die Quizsendung, die Popmusiksendung, die Kindersendung, die Diskussion (-en), die Debatte (-n), die Rundschau, die Tagesschau, die Sportschau, die Fernseh-, Radionachrichten (*pl*), die Fernsehserie (-n), das Konzert (-e), das Hörspiel (-e), die Komödie (-n), das Lustspiel (-e), die Tragödie (-n)

Sendungen | über Tiere
| andere Länder
| die Umwelt
| Persönlichkeiten

der Schlager (-), die Hitparade, Nummer eins, zwei, etc. auf Band/Kassette aufnehmen

schrecklich, schwach, mittelmäßig, gut, ausgezeichnet, (ganz große) Klasse, klassisch, (einfach) großartig, prima, sagenhaft

X Talk about your likes and dislikes concerning films, television and radio programmes, music, etc. by completing the following sentences. Do at least two versions of each and then say what your sentences mean:

1 . . . . . mag ich besonders gern.
2 Ich mag lieber . . . . . .
3 Am liebsten (aber) mag ich . . . . . .
4 . . . . . gefällt/gefallen mir (sehr) gut.
5 . . . . . kann ich nicht leiden.
6 . . . . . finde ich | (höchst) interessant.
| (äußerst) langweilig.
| (ein bißchen) albern.
| (sehr) spannend.
7 Ich lese oft . . . . . .
8 Ich lese häufiger . . . . . .
9 Am häufigsten (aber) lese ich . . . . . .
10 Ich sehe mir gern . . . . . an.
11 Ich sehe mir lieber . . . . . an.
12 Am liebsten (aber) sehe ich mir . . . . . an.
13 Ich höre mir oft . . . . . an.
14 Ich höre mir häufiger . . . . . an.
15 Am häufigsten (aber) höre ich mir . . . . . an.

◢ **That depends!**
Look at the following ways of expressing 'that depends':
Es hängt von + *dative* ab.
Es kommt auf + a*ccusative* an.
Es hängt davon ab, ob . . . . . . *verb*.
Es kommt darauf an, ob . . . . . . *verb*.

e.g. Das | hängt vom Film ab.
| kommt auf den Film an.
Das | hängt davon ab, | ob der Film gut klingt.
| kommt darauf an, |

X Think of other examples of what things might depend on (the weather, the traffic, your parents, whether it's raining or not, whether your parents are willing to pay, etc.) and express them in German using the above examples as a model. Try to invent ten examples.

Except

Look at the following ways of expressing 'except':

außer + *dative*

ausgenommen + *accusative (or accusative +*
ausgenommen)

mit Ausnahme von + *dative*

e.g. —außer mein**em** Deutschlehrer

—ausgenommen mein**en** Deutschlehrer/mein**en**
Deutschlehrer ausgenommen

—mit Ausnahme von mein**em** Deutschlehrer

X Complete the following sentences by saying that
everyone does something except for the person in
brackets. Then say what the sentences mean:

1 Die ganze Familie mag das Fernsehen . . . (ich)
2 die ganze Familie mag das Radio . . . (mein Bruder)
3 Die ganze Familie geht regelmäßig ins Kino . . .
(meine ältere Schwester)
4 Die ganze Familie mag Popmusik . . . (meine Eltern)
5 Die ganze Klasse sammelt Platten . . . (mein Freund,
Alan)
6 Wir tanzen alle gut . . . (meine Freundin, Emma)

15. Es handelt sich um . . .

— Linda, was haben Sie kürzlich gelesen?
— Ich lese im Moment – und zwar zum drittenmal! –
,,Romeo and Juliet". ,,Romeo und Julia" nennt man das
auf Deutsch, glaube ich.
— Wieso zum drittenmal?
— Wir müssen es für die Literaturprüfung lesen und zwar
gründlich.
— Erzählen Sie mir etwas über dieses Werk.
— Das ist eine Tragödie . . . von Shakespeare natürlich . . .
und die Handlung spielt in Verona in Italien. Die
Hauptpersonen sind selbstverständlich Romeo und
Julia, zwei junge Leute, die ineinander verliebt sind.
Ihre Familien sind aber große Feinde und die Eltern
wollen nicht, daß sie heiraten.

— Können die Eltern das verhindern?
— Nein. Mit Hilfe einer alten Dame, Julias Amme, und
eines Priesters, heiraten sie heimlich.
— Das ist also ein Happy-End!
— Ganz im Gegenteil! Das junge Ehepaar will ausreißen,
um friedlich miteinander leben zu können. Die
Handlung wird dann ein bißchen kompliziert, aber ihre
Pläne gehen schief und schließlich töten sie sich; das
heißt, sie begehen Selbstmord.

— Peter, was haben Sie kürzlich im Fernsehen gesehen?
— Jede Woche sehe ich die Fernsehserie ,,All Creatures
Great and Small".
— Können Sie diesen Titel ins Deutsche übersetzen?
— Ja. Das bedeutet etwa ,,Alle Tiere Groß und Klein".
— Wovon handelt diese Serie?
— Es handelt sich um einen jungen Tierarzt, der mit seiner
Frau von Schottland nach Yorkshire zieht, um dort seine
Karriere anzufangen. Die Sendungen handeln von
seinen komischen Erlebnissen und Abenteuern unter
den Leuten, die dort wohnen.
— Kommt er gut mit ihnen aus?
— Sie sind anfangs sehr mißtrauisch, weil er jung und
fremd ist. Er ist aber ein sehr guter Tierarzt und er
gewinnt bald ihren Respekt. Das ist eine Autobiographie
. . . der Autor ist, oder war wenigstens, selbst Tierarzt.

? Wählen Sie ein Buch, das Sie kürzlich gelesen haben und
erzählen Sie darüber, indem Sie die folgenden Fragen
beantworten:

1 Wie heißt das Buch?
2 Können Sie den Titel ins Deutsche übersetzen?
3 Wer sind die Hauptpersonen?
4 Was sind sie von Beruf?
5 Was für Leute sind das?
6 Wo spielt die Handlung?
7 Wann geschieht das alles?
8 Worum handelt es sich im Buch?
9 Wie entfaltet sich die Handlung?
10 Wie endet das Buch?

a The following expressions are useful for giving a general idea about a film, book, etc.:

Das Buch handelt von + *dative*.
Das ist ein Film über + *accusative*.
Der Film erzählt von + *dative*.
Im Buch handelt es sich um + *accusative*.

b The following phrases may help to establish the place and time of the action:

Das geschieht . . . . . .
Die Handlung spielt . . . . . .
Das (alles) spielt sich . . . . . . ab.

(i) in Moskau, in der Nähe von Paris
in Europa, in Asien, in Nordafrika, in Südfrankreich
in der Arktis/Antarktis, an der Westküste Australiens
im Stillen Ozean, im Atlantik, im Mittelmeer
hinter dem eisernen Vorhang
in den Alpen, im Himalaja
im Nahen Osten, im Mittelosten, im Fernen Osten
unter dem Meer, unter der Erde
in einem Flugzeug, in einem Raumschiff
auf einem anderen Planeten, auf dem Mond, im Raum

(ii) im achtzehnten/neunzehnten Jahrhundert
im Jahre zweitausend und eins
in der gegenwärtigen Zeit, in der Zukunft
um die Jahrhundertwende, in den vierziger Jahren
(kurz) vor/nach dem ersten/zweiten Weltkrieg
in der Wild-West-Zeit, in der Gangsterzeit

c The following phrases will help to discuss the characters:

Die Hauptperson ist | ein Mann, der . . . (*verb*)
                     | eine Frau, die . . . (*verb*)

Der Held (des Films, etc.) ist | (ein) Deutscher.
                               | ein Offizier.

Die Heldin ist | (eine) Stewardeß.
               | eine russische Spionin.

Der Gegner/Feind ist | (ein) Millionär.
                     | (ein) Terrorist.
                     | ein Mörder.

Er ist ein sehr | brutaler | Mensch.
                | dummer | Mann.
                | komischer | Kerl.
                | unangenehmer |
                | schlauer |

Sie ist ein(e) sehr | kluge(s) | Frau.
                    | eifersüchtige(s) | Mädchen.
                    | gefährliche(s) |
                    | tapfere(s) |
                    | grausame(s) |

d The book/film, etc. may come into one of the following categories:

Es handelt sich um | eine geheime Mission (nach . . .)
                   | ein Abenteuer (in . . .)
                   | eine Freundschaft (zwischen . . .)
                   | eine Forschungsreise/Expedition (nach . . .)
                   | einen Mordfall
                   | einen Bankraub
                   | eine Liebesaffäre (zwischen . . .)
                   | einen Fall der Erpressung
                   | einen Kinder-/Menschenraub
                   | einen Putsch/eine Revolution (in . . .)
                   | den Krieg (in . . ./zwischen . . .)
                   | ein Erdbeben (in . . .)
                   | einen Fall der Spionage
                   | die Bruchlandung eines Jets

e The following may help with discussing the development of the plot:

am Anfang/anfangs
dann/(gleich) darauf/nachher
später (am Tag/im Jahr, *etc.*)
wenn/sobald er dies/die Wahrheit erfährt, . . .
wenn/sobald das geschieht/passiert/vorkommt, . . .
(erst) dann sieht/versteht er, daß/wie . . .
er sieht ein, daß . . .
inzwischen/in der Zwischenzeit
ohne daß er es weiß, . . .
er versucht, (. . .) zu . . .
er gibt vor, (. . .) zu . . .

am Ende (des Films, etc.)/endlich/schließlich
der Film hat also ein glückliches/schlimmes/trauriges/
schreckliches/unerwartetes Ende

 Using some of the above expressions, talk about a film
you have seen recently
a at the cinema; **b** on television.

16. Schüleraustausch mit Deutschland – eine englische Deutschlehrerin spricht

— Sie veranstalten einen Schüleraustausch mit
Deutschland?
— Ja, ein Kollege und ich veranstalten jedes Jahr einen
Austausch mit unserer Partnerschule in Oberfranken –
in Bayern also. Dieser Austausch findet seit acht Jahren
statt. Wir fahren um Ostern für vierzehn Tage nach
Deutschland. Sie verbringen zwei Wochen am Ende des
Sommertrimesters bei uns.
— Welche Art von Schule ist es?
— Eine Gesamtschule.
— Wieviele Kinder nehmen normalerweise an dem
Austausch teil?
— Früher ungefähr vierzig. In den letzten paar Jahren ist
die Fahrt viel teurer geworden und die Gruppen sind
jetzt viel kleiner . . . fünfzehn bis zwanzig Kinder.
— Was kostet die Fahrt?
— Das kostet achtzig Pfund. Dazu braucht man noch
Taschengeld für den Aufenthalt in Deutschland und die
englischen Eltern bezahlen natürlich die Unterkunft für
den deutschen Gast in England.
— Es ist eine sehr lange Reise, nicht wahr?
— Ja! Wir versammeln uns um sieben Uhr vormittags vor
der Schule. Wir fahren dann mit dem Sonderbus nach
Dover. Wir gehen auf die Fähre und überqueren den
Kanal.
— Sie landen vermutlich in Ostende?
— Genau. Um etwa fünf Uhr abends fährt unser Zug von
Ostende ab. Wir fahren über Brüssel, Köln und

Stuttgart und kommen erst um drei Uhr siebzehn in
Nürnberg an!
— Ihre deutschen Kollegen sind vermutlich am Bahnhof,
um Sie abzuholen?
— Ja. Sie fahren uns dann mit dem Bus zur Schule, wo die
gastgebenden Eltern auf uns warten. Sie bringen die
Kinder dann nach Hause.
— Wer sorgt für die Unterkunft der Lehrkräfte?
— Unsere Kollegen bringen uns unter.
— Kommen die Kinder jeden Tag in die Schule?
— Sie hospitieren ungefähr alle zwei Tage bei den
Partnerinnen und Partnern in der Klasse. An den
anderen Tagen werden Ausflüge und Besuche für sie
veranstaltet.
— Was sind die Eltern von Beruf?
— In dieser Gegend sind die meisten Eltern Bauern –
unsere Eltern wohnen und arbeiten meistens in der
Stadt. Das ist also eine Abwechslung und ein schönes
Erlebnis für die Kinder.
— Und für Sie auch?
— Natürlich. Wir freuen uns, unsere deutschen Kollegen
jedes Jahr sehen zu können. Ich freue mich schon aufs
nächste Mal!

? 1 Veranstaltet Ihre Schule einen Schüleraustausch mit
Deutschland?*
2 Wie heißt Ihre Partnerschule?
3 Was für eine Schule ist es?
4 In welchem Teil Deutschland befindet sich die
Schule?
5 Wie oft findet der Austausch statt?
6 Wieviele Schülerinnen und Schüler nehmen am
Austausch teil?
7 Wann haben Sie daran teilgenommen?
8 Wie sind Sie dorthin gefahren?
9 Wie hieß Ihr(e) Austauschpartner(in)?
10 Was sind seine/ihre Eltern von Beruf?
11 Wie sind Sie mit ihrem/ihrer Partner(in)
ausgekommen?

*If your school has no exchange, invent the details.

12 Wie oft sind Sie mit in den Unterricht gegangen?

13 In welchen Klassen haben Sie hospitiert?

14 Was für Besuche und Ausflüge haben Sie gemeinsam mit den anderen Schülerinnen und Schülern gemacht?

15 Und mit der Familie?

16 Wieviele Lehrerinnen und Lehrer haben die Gruppe begleitet?

17 Wieviel Taschengeld haben Sie mitgenommen?

18 Was haben Sie damit gekauft?

19 Gibt es etwas, worauf Sie sich besonders freuen?

The following vocabulary and phrases will be useful for discussing getting ready for, and making, journeys:

einen Paß bekommen

seine Sachen packen

abfahren/losfahren/sich auf den Weg machen

einen großen Koffer | mitschleppen
viel Gepäck |

mit dem Bus, *etc.* fahren

in den Bus, *etc.* einsteigen

aus dem Bus, *etc.* aussteigen

in . . . (+ *town*) umsteigen

direkten Anschluß nach . . . (+ *town*) haben

an | Bord des Schiffs | gehen
von | | kommen

die Reise unterbrechen/sich in . . . (+ *town*) aufhalten

über . . . (+ *town*) fahren

ankommen

auspacken

unterkommen/jemanden unterbringen

übernachten

eine Woche, etc. verbringen

der Gastgeber (-)/der Gast (¨e)

bei jemandem zu Gast/zu Besuch sein

besuchen/besichtigen

den Besuch des Rathauses machen

einen Ausflug nach . . . machen

Andenken/Geschenke kaufen

X Relate the following account of a journey by a group of pupils first in the imperfect and then in the perfect tense. Then say what it means:

Wir (sich versammeln) um zehn Uhr vor der Schule. Wir (losfahren) eine halbe Stunde später. Wir (gehen) auf die Fähre in Dover und (ankommen) fünf Stunden später in Ostende. Dort (einsteigen) wir in den Zug. Wir (umsteigen) in Köln. Wir (sich irren) in der Gleisnummer und (verpassen) den Zug. Wir (übernachten) in Köln. Am folgenden Vormittag (nehmen) wir den ersten Zug nach Hollendorf. Zwei deutsche Lehrer (abholen) uns vom Bahnhof und (bringen) uns mit einem Bus zur Partnerschule. In der Aula der Schule (vorstellen) man uns unseren Austauschpartnerinnen und -partnern. Während des Aufenthaltes (besuchen) wir einen Dom, Kirchen und Schlösser und (besichtigen) viele andere Denkmäler. Wir (sein) auch in der Schule, wo wir in den Klassen (hospitieren). Wir (verbringen) vierzehn Tage in Deutschland und (haben) viel Spaß.

X The following are statements about what happens every year. Put them into the past tense (imperfect or perfect) and say what happened when you were in Germany once. Remember to change **wenn** = when(ever) to **als** = when (once in the past). Then say what your sentences mean:

e.g. Wenn wir ankommen, begrüssen uns die Eltern.
 Als wir **ankamen**, **begrüßten** uns die Eltern.

1 Wenn wir in Ostende landen, müssen wir durch die belgische Paßkontrolle gehen.

2 Wenn wir in Köln umsteigen, gehen wir sofort zu Gleis Nummer 12.

3 Wenn wir ankommen, fahren* uns die Eltern nach Hause.

4 Wenn wir Ausflüge machen, nehmen wir etwas zum Essen und zum Trinken mit.

---

* Note that **fahren** has **haben** as its auxiliary in the perfect tense when it has a direct object, i.e. is used transitively.
e.g. Er **ist** dorthin gefahren, *but*: Er **hat** mich dorthin gefahren.

5 Wenn wir nach Bamberg fahren, besichtigen wir den Dom.

6 Wenn wir uns von unseren Partnern und Partnerinnen verabschieden, gibt's Tränen.

X In the dialogue there was a mixture of 'ordinary' times and 24-hour times. Repeat the following sentences using the alternative expressions.

a Use 24-hour times:
1 Wir haben die Schule um halb sieben vormittags verlassen.
2 Um Viertel nach zehn vormittags sind wir in Canterbury angekommen.
3 Um Viertel vor eins nachmittags sind wir in Dover angekommen.
4 Die Fähre fuhr um zehn nach zwei nachmittags ab.
5 Wir sind um fünf vor halb acht in Ostende angekommen.
6 Wir sind um fünf vor Mitternacht in Köln angekommen.
7 Der Zug fuhr um zehn nach Mitternacht wieder ab.

b Use 'ordinary' times:
1 Der Zug fährt um acht Uhr zwanzig ab.
2 Die Fähre soll um neun Uhr dreißig ankommen.
3 Die Maschine geht um elf Uhr fünfzehn.
4 Wir landen um dreizehn Uhr fünfundvierzig.
5 Unsere Gäste kommen um sechzehn Uhr an.
6 Der Zug fährt um einundzwanzig Uhr fünfzig ab.
7 Ankunftszeit: dreiundzwanzig Uhr achtunddreißig.

Looking forward to

Note the following ways of saying you are looking forward to something:

Ich freue mich | auf + *accusative*
| darauf, ... | zu + *infinitive*
| *infinitive* zu können
e.g. Ich freue mich auf die Ferien.
Ich freue mich darauf, die Schule | zu verlassen.
| verlassen zu können.

X a Make up ten examples of each of the above expressions. Here is some vocabulary which will give you some ideas:

das Wochenende	die Sommer-	ferien
der Geburtstag	Weihnachts-	
der Auftenhalt in . . .	Oster-	
die Party	Pfingst-	
der Film	neue Kleider kaufen
die Fernsehsendung	einen Ferienjob finden
ein Motorrad	besitzen	Geld verdienen
einen Wagen		in die Stadt fahren

b Now add a reason to each of the above, either as a separate statement or as a subordinate clause with **weil . . .**:
e.g. Ich freue mich auf die Ferien . . .
| Ich fahre nach Italien.
| , weil ich nach Italien fahre.
Ich freue mich darauf, die Schule zu verlassen . . .
| Ich habe es satt.
| , weil ich es satt habe.

---

17. Hat's geschmeckt?

— Haben Sie am Schüleraustausch mit Deutschland teilgenommen, Georgina?

— Ich habe an mehreren Ausflügen teilgenommen . . . und auch am Frankreichaustausch im zweiten Jahr. Aber der Austausch mit Deutschland im dritten Jahr war meinen Eltern zu teuer.

— Und Sie, Alison?

— Ja, ich bin voriges Jahr mit einer Schülergruppe nach Deutschland gefahren.

— Wie war die Familie, bei der Sie wohnten?

— Die ganze Familie war sehr nett zu mir. Die Eltern haben sich viel Mühe gegeben, um mir den Aufenthalt angenehm zu machen.

— Wie fanden Sie das Essen?

— Frau Bäcker, die Mutter meiner Austauschpartnerin, ist eine ausgezeichnete Köchin. Sie hat phantastische Gerichte zubereitet.

— Zum Beispiel?

— Zigeunerschnitzel mit **Pommes frites, gebratene** Forelle, Nudelsalat . . .

— Sie mögen also keine süßen Speisen?

— Doch! Spät am Nachmittag – um die Zeit, wo wir Engländer unseren 'tea' nehmen – haben wir oft Kuchen und Torten mit Schlagsahne gegessen. Das war lecker. Dazu haben wir Kaffee getrunken – guten, starken Bohnenkaffee. Das war kein Pulverkaffee wie wir ihn in England trinken.

— Finden Sie das gesund?

— Nicht besonders. Ich habe im Laufe des Aufenthalts viel zu viel gegessen und habe drei Kilo zugenommen. Nach dem Aufenthalt mußte ich eine strenge Diät einhalten, um abzunehmen!

— Hat Ihnen etwas nicht geschmeckt?

— Kaum etwas, das muß ich sagen. Aber ich kann kein fettes Essen vertragen und deswegen habe ich die meisten Wurstsorten ein bißchen zu fett gefunden. Alles andere hat mir prächtig geschmeckt!

— Sie waren von Ihrem Aufenthalt in Deutschland also nicht enttäuscht.

— Ganz im Gegenteil . . . Ich war begeistert davon!

1 Wie oft täglich und wann nehmen Sie eine Mahlzeit zu sich?
2 Wie nennt man die verschiedenen Mahlzeiten auf Deutsch?
3 Was ist bei Ihnen die Hauptmahlzeit des Tages?
4 Beschreiben Sie eine typisch englische ,,tea-time".
5 Welche typisch deutschen Gerichte kennen Sie?
6 Welche von diesen haben Sie persönlich probiert?
7 Wie haben Sie sie gefunden?
8 Welche deutschen Wurstsorten kennen Sie?
9 Welche Weinsorten können Sie nennen?
10 Kennen Sie einige deutsche Käsesorten?
11 Was für Salatsorten gibt es?
12 Was für Gemüse essen Sie persönlich gern?
13 Welche Gemüsesorten mögen Sie gar nicht?
14 Welches Obst schmeckt Ihnen?
15 Welches Obst essen Sie nicht gern?

16 Welches Fleisch mögen Sie am liebsten essen?
17 Gibt's eine Fleischsorte, die Sie gar nicht vertragen können?
18 Was kann man tun, wenn man zugenommen hat, und abnehmen will?
19 Kochen Sie manchmal?
20 Was für Gerichte kochen Sie?
21 Wer ißt diese Gerichte?
22 Was halten Sie normalerweise davon?
23 Sind Sie Ihrer Meinung nach ein guter Koch/eine gute Köchin?
24 Was sagen Deutsche zueinander, bevor sie essen?
25 Und bevor sie trinken?

The following vocabulary will be useful for discussing food and cooking:

frühstücken, das Frühstück; zu Mittag essen, das Mittagessen; zu Abend essen, das Abendessen, das Abendbrot

das Essen, die Speise (-n), die Kost, das Gericht (-c), die Mahlzeit (-en), das Getränk (-e), kochen, zubereiten, servieren, bestellen

schmackhaft/appetitlich/lecker sein
fabelhaft/gut/prächtig schmecken
Guten Appetit! Prosit!

die Tomaten-/Ochsenschwanz-/Pilz-/Erbsensuppe
die Hühner-/Gemüsebrühe

die Brat-/Mett-/Tee-/Blutwurst, die Salami, der Schinken, der Speck
das Rind-/Schweine-/Kalb-/Hammel-/Hackfleisch
der Fisch (-e)

das Gemüse: Erbsen, Bohnen, Kartoffeln, Mohrrüben, Karotten, der Kohl, Blumen-/Rosenkohl, der Kopfsalat, Zwiebeln, Gurken, Champignons, Pilze

das Obst: der Apfel (-), die Birne (-n), die Pflaume (-n), der Pfirsich (-e), die Tomate (-n), die Banane (-n), die Stachel-/Him-/Johannes-/Erdbeere (-n), die Apfelsine (-n)/die Orange (-n) das Brot, belegtes Brot, das Brötchen (-), der Keks (-e), der Kuchen (-), die Torte (-n), die Sahne, die Butter, die Margarine, die Marmelade, der Käse, das Ei (-er)

Spaghetti, Makkaroni, Nudeln, der Reis

der Tee, die Milch, der Kaffee, der Kakao, das Bier, der Frucht-/Apfel-/Orangensaft, der Weiß-/Rotwein, der Sekt, der Sprudel

X Talk about food and your likes and dislikes by completing the following sentences:

1 Zum Frühstück esse ich gewöhnlich . . . . . .
2 Zum Mittagessen esse ich normalerweise . . . . . .
3 Zum Abendessen esse ich oft . . . . . .
4 Ich trinke gern . . . . . .
5 . . . . . . schmeckt/schmecken mir besonders gut.
6 . . . . . . finde ich sehr lecker.
7 . . . . . . kann ich nicht vertragen.
8 . . . . . . habe ich nie probiert.
9 Als ich in Deutschland war, habe ich . . . . . . gegessen.
10 In der Schulkantine bekommen wir zu viel . . . . . .
11 Mein Lieblingsgericht ist . . . . . .

Ja/Doch

Whereas **ja** is a simple *yes* answer, **doch** responds to a negative statement or question with the force of *yes* (*on the contrary*), informing the other speaker that he/she is wrong in his/her assumption:

e.g. Deutschland hat Ihnen also gut gefallen?
    —**Ja**, es hat mir prima gefallen.
    Deutschland hat Ihnen also **nicht** gefallen?
    —**Doch**, es hat mir prima gefallen!

X Respond to the following statements/questions with **ja** or **doch** as appropriate and add a further comment. A suggestion is given in each case, but you need not necessarily limit yourself to this.

1 Die Überfahrt war also nicht besonders stürmisch?
   (Oh yes it was; you were sea-sick!)

2 Die deutsche Familie war also nett zu Ihnen?
   (Yes, extremely nice, particularly the mother.)
3 Sie haben also viele deutsche Gerichte probiert?
   (Yes, and you particularly liked the different kinds of sausage and cold meat.)
4 Sie haben also weder Bier noch Wein getrunken?
   (Yes you did, but not very much.)
5 Der Kaffee hat Ihnen also nicht besonders geschmeckt?
   (Yes it did! You like strong coffee!)
6 Frau Bäcker war also keine gute Köchin?)
   (Yes she was! She cooked fantastic meals!)
7 Sie mögen also gern Obst?
   (Yes, particularly apples and pears.)
8 Sie mögen also kein Gemüse?
   (Yes you do! Except cabbage . . . you can't stand cabbage!)

18. Die Ferien (1)

— Fährt Ihre Familie jeden Sommer auf Urlaub, Sally?
— Ja, wir haben einen Wohnwagen und jedes Jahr verbringen wir vierzehn Tage bis drei Wochen irgendwo in England, Schottland oder Wales.
— Und auch im Ausland?
— Nein, das können wir uns nicht leisten.
— Ist das Leben im Ausland also teurer?
— Nein, ich glaube nicht, daß es viel teurer ist, wenn man zeltet oder im Wohnwagen wohnt. Aber die Überfahrt über den Kanal mit Auto und Wohnwagen kostet eine Menge Geld.
— Wo waren Sie schon mit dem Wohnwagen?
— Vor drei Jahren waren wir in Cornwall und vor zwei Jahren in Nordwales. Voriges Jahr waren wir in der Nähe von Oban an der Westküste Schottlands.
— Und dieses Jahr?
— Dieses Jahr werden wir nicht mehr als zwei oder drei Tage an einem Ort bleiben. Alle zwei oder drei Tage werden wir zu einem anderen Campingplatz weiterfahren.

— Wie verbringt Ihre Familie die Ferien, Garry?
— Wir zelten.
— Was für ein Zelt besitzen Sie?
— Wir besitzen kein Zelt. Wir mieten sowohl das Zelt als auch die Campingausrüstung. Wenn wir ankommen, steht alles bereit. Wir brauchen kein Zelt aufzuschlagen, keine Campingsachen mitzuschleppen. Wir bringen bloß Schlafsäcke mit.
— Sie brauchen auch Lebensmittel, nicht wahr?
— Das ist kein Problem, denn es gibt immer ein Lebensmittelgeschäft oder einen Supermarkt auf dem Campingplatz oder ganz in der Nähe.
— Was gibt's sonst auf diesen Campingplätzen?
— Das ist verschieden. Natürlich gibt es immer Toiletten und Waschgelegenheiten. Auf den besten gibt's auch schöne, große Waschräume mit Duschen, eine Wäscherei, einen Fernsehsaal, eine Bar, einen Sportplatz, und manches andere. Oft gibt's auch eine Imbißstube oder eine Gaststätte, wo man billig essen und trinken kann. Man verkauft dort oft Essen zum Mitnehmen.
— Mögen Sie diese Art von Urlaub?
— Und wie! Besonders wenn der Campingplatz nah am Meer liegt!

1 Wie oft fährt Ihre Familie in Ferien?
2 Wo verbringt Ihre Familie ihren Sommerurlaub?
3 Wie lange bleibt sie normalerweise weg von zu Hause?
4 Wie oft waren Sie mit Ihrer Familie im Ausland?
5 Welche Länder haben Sie besucht?
6 Wie oft waren Sie ohne die Familie im Ausland?
7 Wo waren Sie genau?
8 Besitzt Ihre Familie einen Wohnwagen oder ein Zelt?
9 Beschreiben Sie ihn/es.
10 Was ist der schönste Urlaubsort, den Sie kennen?
11 Wohin fährt Ihre Familie dieses Jahr auf Urlaub?
12 Fahren Sie mit?
13 Wo waren Sie voriges Jahr auf Urlaub?
14 Und vor zwei Jahren?
15 Waren Sie schon auf einem Campingplatz?
16 Beschreiben Sie ihn.
17 Wie weit waren Sie vom Meer entfernt?
18 Nennen Sie sechs Gegenstände, die man auf eine Campingfahrt mitnimmt.
19 Nennen Sie einige Dinge, die man mieten kann.
20 Ist es teurer zu zelten als in Hotels zu übernachten oder umgekehrt?
21 Was verstehen Sie unter dem Wort ,,Wäscherei''?
22 Was bedeutet ,,im Ausland''?
23 Was ist das Gegenteil von ,,ohne''?
24 Ist das Leben teurer in Deutschland als in Großbritannien?

The following vocabulary and phrases will be useful for discussing holidays:

in den Ferien/Sommerferien/Osterferien
in Ferien/auf Urlaub sein
in Ferien/auf Urlaub gehen/fahren

die Ferien	verbringen
einen Aufenthalt	
eine Woche/vierzehn Tage	

an einem See	sein
in den Bergen	
an der Küste	
an der See/am Meer	

zu einem See	fahren
in die Berge	
an die Küste	
an die See/ans Meer	

an der Nordküste Deutschlands
an der Südküste Frankreichs

der Campingplatz (¨e), der Wohnwagen (-), das Zelt (-e), der Empfang/das Empfangsbüro, der Fernsehsaal (-säle), der Duschraum (¨e), die Bar (-s), die Wäscherei (-en), der Klappstuhl (¨e), der Klapptisch (-e), das Klappbett (-en), die Luftmatratze (-n), der Gas-/Spirituskocher (-), die Bratpfanne (-n), der Kessel (-)

das Zelt aufschlagen

✗ Talk about holidays past, present and future (real or imaginary!) by completing the following sentences. Give several versions of each:

1. Dieses Jahr . . . . . .
2. Nächstes Jahr . . . . . .
3. Letztes Jahr . . . . . .
4. Vor zwei Jahren . . . . . .
5. Meine Familie und ich . . . . . .
6. In den Sommerferien . . . . . .
7. In den Weihnachtsferien . . . . . .
8. In den Osterferien . . . . . .
9. In den Pfingstferien . . . . . .
10. Wir können es uns nicht leisten, ... zu . . . . . .
11. Es war uns zu teuer, ... zu . . . . . .
12. Es wäre uns leider zu teuer . . . . . . zu . . . . . .

✗ Repeat the dialogue from the point where the questioner starts putting questions to Garry, rephrasing both the questions and his answers in the past tense.

✗ Practise talking about the facilities a place has to offer by adding what one can do in the places mentioned. Note particularly the word order in the clause you are to add:

e.g. Es gibt dort eine Imbißstube, **wo man** gut und billig essen **kann**.

1. Dort gibt es einen großen, sandigen Strand, wo . . . . . .
2. Auf dem Campingplatz gibt es einen Sportplatz, wo . . . . . .
3. Ganz in der Nähe gibt es einen Supermarkt, wo . . . . . .
4. Nicht weit entfernt gibt es eine Diskothek, wo . . . . . .
5. Fünf Kilometer entfernt gibt es eine kleine Stadt wo . . . . . .
6. Hinter dem Campingplatz gibt es einen schönen Wald, wo . . . . . .
7. Beim Campingplatz gibt es einen großen See, wo . . . . . .
8. Im nächsten Dorf gibt es ein Postamt, wo . . . . . .
9. In der nächsten Stadt gibt es einen Marktplatz, wo . . . . . .
10. Es gibt Berge in der Nähe, wo . . . . . .

Now repeat this exercise in the past tense, using **es gab** instead of **es gibt**.

---

19. Die Ferien (2)

— Verbringen Sie Ihre Ferien in England, Christine?
— Nein, nicht immer. Ich habe einen Onkel und eine Tante, die auf den Kanalinseln wohnen . . . auf Guernsey. Ich verbringe die Ferien manchmal bei ihnen. Ich habe auch Verwandte in Südwestengland und besuche sie auch ziemlich oft.
— Und Sie, Paul?
— Meine Familie und ich fahren fast jedes Jahr mit dem Auto ins Ausland. Wir nehmen die Autofähre nach Frankreich oder nach Belgien und fahren dann von dort aus weiter.
— Wohin?
— Meistens nach dem Süden . . . nach Südfrankreich, Spanien, Italien . . . Manchmal aber fahren wir auch nach Deutschland, Österreich oder in die Schweiz.
— Wo übernachten Sie?
— In kleinen Hotels, Gasthöfen und Pensionen.
— Sind diese Fahrten immer problemlos?
— Nein, manchmal haben wir Pech.
— Zum Beispiel?
— Voriges Jahr wollten wir in die Schweiz fahren. Unterwegs durch Frankreich haben wir eine Panne gehabt. Wir mußten uns drei Tage und Nächte in einer kleinen langweiligen Stadt aufhalten, bis man den Wagen reparierte. Das war aber nicht alles! Auf der Rückreise haben wir einen Unfall gehabt!
— Was ist passiert?
— Es war viel Verkehr auf der Autobahn und es gab viele Verkehrsstaus. Wir hatten Verspätung und mein Vater war sehr müde und nervös. Er paßte nicht gut auf und wir sind mit einem anderen Wagen zusammengestoßen.

— War das ein schlimmer Unfall?
— Nicht besonders, aber wir mußten warten, bis die Polizei ankam. Vater mußte dann seine Papiere vorzeigen, eine Aussage machen, und so weiter. Das hat lange gedauert.
— Sie haben wohl die Fähre verpaßt?
— Nein . . . aber das Fährpersonal streikte gerade!

?

1 Wann hat man in England längere Schulferien?
2 Wie lange dauern sie?
3 Wann ist diesen Sommer Schulschluß?
4 Was für Pläne haben Sie für diesen Sommer?
5 Können Sie zehn Länder nennen, außer England, Wales, Schottland, Irland und Deutschland?
6 Welche Inseln kennen Sie?
7 Auf welchen Inseln waren Sie schon?
8 Wie sind Sie dorthin gekommen?
9 Wie heißen die Kanalinseln?
10 Man kann den Ärmelkanal mit dem Schiff überqueren – wie kann man es sonst machen?
11 Wie oft besuchen Sie Ihre Verwandten?
12 Wie oft kommen Ihre Verwandten zu Ihnen zu Besuch?
13 Erzählen Sie, wie Sie einmal Pech hatten!
14 Wann wird man müde? (*Man wird müde, wenn . . .*)
15 Wann wird man nervös?
16 Was ist eine Pension?
17 Welche Papiere muß ein(e) deutsche(r) Autofahrer(in) immer bei sich haben, wenn er/sie fährt?
18 Ist das in Großbritannien notwendig?
19 Was trägt man im Ausland, um sich zu identifizieren?
20 Erklären Sie, was eine Autobahn ist!
21 Erklären Sie, was ein Streik ist!
22 Wer hat in den letzten paar Monaten gestreikt?
23 Erzählen Sie von einem Unfall, den Sie persönlich gesehen haben!
24 Erzählen Sie von einem Unfall, den Sie persönlich gehabt haben!

The following vocabulary and phrases will be useful for discussing going away on holiday and some of the things that can go wrong!

zu Ostern, zu Pfingsten, zu Weihnachten
nach/durch/über Köln fahren
unterwegs/auf dem Weg nach Köln
die Hinreise/-fahrt, die Rückreise/-fahrt

die Land-/Autokarte (-n), der Paß (Pässe), der Personalausweis (-e), der Führerschein (-e), die Autoversicherungskarte (-n), die Broschüre (-n)

sich gut/glatt ablaufen
schiefgehen
die Reise (vorzeitig) abbrechen (müssen)
(meine/unsere, etc.) Pläne stören

den Bus/den Zug/das Flugzeug verpassen
zu spät/verspätet ankommen

eine | Panne | haben
    | Reifenpanne |
einen Unfall |

die Auto(reparatur)werkstatt
der Mechaniker
einen Abschleppwagen schicken lassen
den ADAC anrufen
in einen Verkehrsstau geraten
zu schnell (in die Kurve) fahren
mit einem Lastwagen zusammenstoßen
das rote Licht nicht bemerken/sehen

in . . ./nach . . . England, Wales, Schottland; Irland, Frankreich, Belgien, Holland, Deutschland, Spanien, Italien, Österreich, Skandinavien, Griechenland, Jugoslawien, Kanada, Nordafrika, Südamerika

in der . . ./in die . . . Schweiz; Tschechoslowakei, Bundesrepublik, DDR, UdSSR

in den . . ./nach den . . . Vereinigten Staaten/USA, Niederlanden

auf . . . Kreta, Zypern, Malta
auf den . . ./nach den . . . Balearen, Kanalinseln
auf der . . ./auf die . . . Insel Wight/Man

X Talk about holidays past or future, real or imaginary, by completing the following. Give several versions of each:

1 Jedes Jahr
   Jeden Sommer } . . . . .
2 Meistens . . . . . .
3 Dieses Jahr | beabsichtigen wir, | . . . . . zu +
   denken wir daran, | *infinitive*
   hoffen wir,
4 Hoffentlich . . . . . .
5 Voriges Jahr haben wir
   | eine Woche | . . . . . verbracht.
   | vierzehn Tage |
6 Auf der Hinfahrt . . . . . .
7 Auf der Rückfahrt . . . . . .
8 Während wir dort waren, ...
9 Voriges Jahr mußten wir . . . . . + *infinitive*
10 In . . . . . mußten wir | uns aufhalten | , bis
   | warten | . . . . . .

X Adding adjectives can make your sentences more interesting, but you must be careful to add the correct endings. Supply suitable adjectives in the following sentences, concentrating on getting the adjectival endings right. Then say what your sentences mean:

1 Wir haben einen _____, _____ Wagen.
2 Wir wohnten in einem _____, _____ Wohnwagen.
3 Wir übernachteten in verschiedenen _____ Hotels und Gasthäusern.
4 In Bayern sind wir über Nacht in einem _____, _____ Gasthaus geblieben.
5 Es war eine sehr _____ Reise.
6 Es war ein sehr _____ Aufenthalt.
7 Wir hatten einen _____ Unfall auf der Autobahn.
8 Wir haben uns ein _____, _____ Zelt gekauft.
9 Wir haben in _____ Restaurants gegessen.
10 Der Campingplatz lag in der Nähe eines _____, _____ Strands.

20. Pläne für die Zukunft

— Kommen Sie dieses Jahr aus der Schule, David?
— Nein. Ich habe kein großes Interesse an der Schule aber heutzutage ist es sehr schwer, einen Job zu finden. Viele junge Leute in dieser Gegend sind arbeitslos. Ich glaube, es ist besser weiterzulernen, wenn man es kann und darf.
— Sie werden also die Oberstufe dieser Schule besuchen?
— Nein, hier gibt es keine Oberstufe. Ich werde zum Sixth Form College überwechseln. Nach den A-Levels möchte ich an die Uni gehen, um Diplomingenieur zu werden. Das ist für mich ein sehr interessanter Beruf. Ich denke daran, dann im Ausland zu arbeiten und sogar auszuwandern . . . nach Deutschland oder nach den USA, zum Beispiel.
— Und Sie, Sharon? Wissen Sie, was Sie werden wollen?
— Ich weiß es noch nicht genau. Ich möchte lieber im Freien arbeiten als im geschlossenen Raum und ich möchte möglichst viel unterwegs sein; ich will nicht an einem Ort arbeiten . . . im Büro, in der Fabrik, im Laden, oder so. Vielleicht könnte ich Vertreterin werden und von Stadt zu Stadt fahren. Das wäre interessant.
— Und Sie, Elizabeth? Was wollen Sie von Beruf werden?
— Ich habe keine festen Pläne. Ich kenne aber viele junge Leute, die weiterstudiert haben. Sie haben sich für einen Beruf qualifiziert und sind trotzdem ohne Arbeit. Ich glaube, ich werde die Schule dieses Jahr verlassen und die höchstbezahlte Stellung annehmen, die ich finden kann.
— Und wenn Ihnen die Arbeit nicht gefällt?
— Das ist mir egal. Die Hauptsache für mich ist, daß ich so viel Geld wie möglich verdiene. Ich will so früh wie möglich meinen Führerschein machen und mir einen Wagen kaufen. Ich will auch schöne, modische Kleider haben und ein schönes, modernes Luxusappartement mieten können. Ich will so früh wie möglich selbstständig sein! Ich finde, man arbeitet bloß, um Geld zu verdienen.

?

1 Wann denken Sie die Schule zu beenden?
2 Wie leicht ist es hierzulande eine Arbeitsstelle zu finden?
3 Haben Sie Freundinnen und Freunde, die die Schule schon verlassen haben?
4 Wieviele von ihnen haben einen festen Job gefunden? (40%? 50%?)
5 Wieviele von ihnen sind arbeitslos? (50%? 60%?)
6 Hoffen Sie persönlich nach den O Levels weiterzustudieren?
7 Wie lange noch?
8 Wo?
9 Was wollen Sie im Berufsleben erreichen?
10 Wie qualifiziert man sich für diesen Beruf?
11 Wie lange bleiben Studentinnen und Studenten in Großbritannien durchschnittlich an der Uni?
12 Wollen Sie selbst an die Universität gehen?
13 Warum (nicht)?
14 Nennen Sie einige Berufe, die in England gut bezahlt sind!
15 Nennen Sie auch einige, die hier schlecht bezahlt sind!
16 Geben Sie einige Beispiele von Leuten, die im Freien arbeiten!
17 Geben Sie einige Beispiele von Leuten, die in ihrem Beruf viel unterwegs sind!
18 Darf man in England schon mit sechzehn Auto fahren?
19 Wie alt muß man sein, um ein Motorrad fahren zu dürfen?
20 Und ein Moped?
21 Was ist Ihrer Meinung nach wichtiger, eine gutbezahlte oder eine interessante Stellung zu finden?
22 Wenn Sie selbst eine gutbezahlte Arbeit hätten, wie würden Sie Ihr Geld ausgeben?
23 Was würden Sie sich eher kaufen, einen großen Mercedes oder einen Metro?
24 Warum sagen Sie das?

The following vocabulary and phrases will be useful for discussing further education, training and work:

die Kollegstufe besuchen

in die Fachoberschule ⎤ gehen
an die Uni(versität) ⎦

Student(in) der Technischen Hochschule sein
Abendkurse machen/die Abendschule besuchen
eine Fachausbildung bekommen
ein Stipendium erhalten
in Deutsch/Philosophie/Jura promovieren
sich qualifizieren für . . .
der Job (-s), die Stelle (-n), die Stellung (-en)
der Beruf (-e)
das Vorstellungsgespräch (-e)

eine Stellung ⎤ suchen
eine Stelle ⎥ finden
einen Job ⎦ aufgeben

fest, angenehm, interessant, gutbezahlt, schlechtbezahlt
gut bezahlt werden/sein

einen guten Lohn ⎤ bekommen
ein hohes Gehalt ⎦ erhalten

Ingenieur ⎤ sein
Arzt/Ärztin ⎦ werden

den Beruf wechseln
einen festen Beruf haben
als Lehrling anfangen
im Beruf (schnell) aufsteigen
sich emporarbeiten
stempeln gehen/arbeitslos sein

bei der Eisenbahn ⎤ arbeiten
in einem Betrieb ⎥
in einer Fabrik ⎥
bei der Firma X ⎥
mit den Händen/mit dem Kopf ⎦

Buchhalter/-hälterin, Pilot/-in, Schreiner, Zimmermann, Taxifahrer/-in, Maurer, Feuerwehrmann, Polizist/-in, Briefträger, Stewardeß, Lehrer/-in, Fabrikarbeiter/-in, Tierarzt/-ärztin,

Zahnarzt/-ärztin, Büroangestellter/-angestellte, Krankenpfleger/-pflegerin/-schwester, Hausfrau, Bauer/ Bäuerin, Verkäufer/-in, Klempner/-in, Mechaniker/-in, Elektriker/-in, Kellner/-in, Geistlicher, Gärtner/-in, Friseur/Friseuse

X Talk about your plans for the future by completing the following:

1 Ich möchte (eines Tages) . . . . . . *infinitive*.
2 Ich werde vielleicht . . . . . . *infinitive*.
3 Ich denke (nicht) . . . . . . zu + *infinitive*.
4 Meiner Meinung nach | ist es | besser | . . . zu +
  Meinetwegen | | sinnvoller | *infinitive*.
  | | dumm |
  | | kurzsichtig |

5 Ich will | unbedingt | . . . . . . *infinitive*.
  | bestimmt nicht |
6 Ich hoffe, | . . . . . . zu + *infinitive*.
  (bald/einmal) | . . . . . . (*infinitive*) zu können.
7 Es wird vielleicht auch möglich sein . . . . . . zu + *infinitive*.
8 Vielleicht werde ich das Glück haben . . . . . . zu + *infinitive*.
9 Ich | habe die/keine Absicht | . . . . . . zu +
  | beabsichtige (nicht) | *infinitive*.
10 Ich | glaube, ich . . . . . .
  | glaube nicht, daß ich . . . . . . (*verb*).
11 Ich weiß noch nicht, ob . . . . . . (*verb*).
12 Es ist mir egal, ob . . . . . . (*verb*), oder nicht.
13 Es wäre schön, wenn ich einmal . . . . . . (*infinitive*) könnte.

Section C

This section covers a number of types of general question which sometimes occur in the oral exam.

a 1 Wo kauft man | Fleisch | ?
  | Brot |
  | Kuchen |
  | Obst und Gemüse |

2 Wo kann man (sich) | Briefmarken | kaufen?
  | eine Autokarte |
  | eine Zeitung |
  | Zigaretten |
  | Werkzeug |

3 Wo kann man | Geld umwechseln | ?
  | den Hund spazierenführen |
  | sich ausruhen |

4 Warum ist | ein Supermarkt | so praktisch?
  | ein Taxi |
  | eine Schreibmaschine |

5 Wohin geht | um sich die Haare schneiden zu lassen
  man, | um nach verlorenen Artikeln zu fragen
  | um zu schwimmen
  | um ein Fußballspiel anzuschauen

6 Wo wartet man auf | den Bus | ?
  | den Zug |

7 Wo kann man in einer fremden Stadt übernachten?

8 Wo muß man Artikel verzollen?

9 Wozu | hält man an einer Tankstelle | ?
  | bringt man sein Auto zur Autowerkstatt |

10 Wozu | gehen | Leute | zum Flughafen | ?
  | fahren | | zum Verkehrsamt
  | | | ins Freibad
  | | | zum Rathaus
  | | | ins Kino

11 Was tut man an der Kasse eines Supermarkts?

12 Wann geht man | ins Krankenhaus | ?
zum Zahnarzt
zum Tierarzt
zum Augenarzt

13 Was macht man, wenn | man müde ist | ?
einem kalt ist
einem zu warm ist
man Hunger hat
man durstig ist

14 Was sollte man tun, wenn man
einen Unfall sieht | ?
einen Brand entdeckt
eine Brieftasche voll(er) Geld findet

15 Wann | wird man seekrank | ?
nimmt man Aspirintabletten
braucht man Hansaplast

16 Wohin bringt man ein Rezept vom Arzt?

17 Womit | schneidet man | Holz | ?
Papier oder Stoff
klebt man Dinge (zusammen)
ißt man
kann man schreiben

18 Wozu | benutzt man | Korrekturlack | ?
dient
ein Radiergummi
einen Hammer
einen Schlüssel

19 Welche Vorbereitungen sollte man treffen, bevor
man | einen Aufenthalt im Ausland unternimmt | ?
eine dreckige Arbeit beginnt

20 Was tut | ein Mechaniker | im Beruf/
eine Stewardeß | beruflich?
eine Sekretärin
eine Krankenschwester
ein Polizist
ein Zahnarzt
eine Lehrerin
ein Kellner

21 Wo verbringen sie ihre Arbeits-/Dienstzeit?

b 1 Wie begrüßen sich die Deutschen?
2 Was sagen sie, bevor sie zu essen anfangen? Und bevor sie trinken?
3 Was sagt man in Deutschland, wenn man sich von jemandem verabschiedet?
4 Was sagt man, um jemandem zu danken?
5 Was sagt man normalerweise, wenn sich jemand bei einem bedankt?
6 Was sagt man auf Deutsch, wenn sein(e) Freund(in) Geburtstag hat?
7 Was sagt man, wenn ein(e) Freund(in) ein Spiel gewinnt oder ein Examen besteht?
8 Was sagt man, wenn man jemanden stört oder stößt, oder wenn man jemandem auf den Fuß tritt?
9 Was sagt man, wenn man erfährt, daß ein(e) Freund(in) krank oder verletzt ist?
10 Was sagt man zu einem Kind, wenn es ins Bett geht?
11 Was fragt man, wenn man nicht gut hört, was ein anderer sagt, oder wenn ein anderer nicht deutlich spricht?
12 Was sagt ein Verkäufer zu einem Kunden, wenn er ihn zuerst sieht?

c 1 Versuchen Sie zu erklären (auf Deutsch natürlich!), was die folgenden Wörter bedeuten:

ein Schriftsteller   ein Maskenball
ein Wohnblock   ein Einwohner
ein Kindergarten   Strafgeld
ein Moskito   ein Trinkgeld
ein Cousin   Verkehr

2 Was ist | Sekt | ?
Salami
Pumpernickel
Wiener Schnitzel

3 Was sind Klöße?

4 Was ist | ein Krimi | ?
ein Stammtisch
Fasching
der ADAC

The single picture

Section A

1. This section reviews the types of question most commonly asked about single pictures. You would do well to read it through before attempting any of the pictures. Refer to it freely whenever you are unsure about how to answer particular questions.

Wer? Who?

Remember to answer in the *nominative case*, and to make the verb agree (singular/plural) with its subject.

Wer wartet auf den Bus?
—Ein/Der Mann wartet darauf.
—Fünf Leute warten darauf.

Wen? Whom?

Remember to answer in the *accusative case*. Be particularly careful with weak masculine nouns in the singular* (Herr/Junge/Student/Polizist/Soldat, etc.)

Wen sehen Sie auf der Straße?
—Ich sehe einen Herrn/Mann/Polizisten, etc.
—Ich sehe viele Leute.

Für wen? For whom?/Gegen wen? Against whom?

Für wen ist das Geschenk?
—Es ist für den Jungen/das Mädchen.

Gegen wen spielt er?
—Er spielt gegen einen Engländer/einen Deutschen.

Wessen? Whose?

Answer using the *genitive case*. Watch weak masculine nouns in the singular.

Wessen Haus ist es?
—Es ist das Haus des alten Mann(e)s/Herrn.
Wessen Auto ist das?
—Es ist das Auto der zwei Leute, die in den Laden gehen.

An answer with **gehören** + dative would also be acceptable:
—Das Auto gehört der alten Dame.

Wem? To whom?

Remember to answer in the *dative case*. Be careful with weak masculine nouns in the singular.

Wem winkt/hilft/dankt das Mädchen?
—Das Mädchen winkt/hilft/dankt ihrer Freundin.

Mit wem? With whom? Zu wem? To whom?

Mit wem fährt er dorthin?
—Er fährt mit seinem Onkel/seinen Eltern dorthin.
Zu wem gehen die Kinder?
—Sie gehen zum Schulleiter/zu ihren Großeltern.

Was? What?

Remember that the question **Was?** may require you to answer *either* in the nominative *or* the accusative case.

---

*Note carefully the difference between strong and weak nouns:

Typical strong noun:		Typical weak noun:	
der Mann	die Männer	der Junge	die Jungen
den Mann	die Männer	den Jungen	die Jungen
des Mann(e)s	der Männer	des Jungen	der Jungen
dem Mann	den Männern	dem Jungen	den Jungen

Was steht im Vordergrund?
—Ein schöner, großer Mercedes (steht im Vordergrund).
Was sehen Sie im Vordergrund?
—(Ich sehe) Einen schönen, großen Mercedes.

Remember that, in answer to the question **Was macht?** or **Was machen . . . ?**, you only need to repeat the verb **machen** if the activity requires it (i.e. ein Picknick **machen**, einen Spaziergang **machen**, etc.) In all other cases you must use the present tense of whatever verb describes what is being done.
Was macht der Mann?
—Er macht einen Spaziergang.
But: —Er geht/sitzt/sucht/hört . . . *etc.*

Was für ein(e)(n) . . . . . . ? What sort of . . . . . . ?

Was für ein Zimmer ist es?
—Es ist ein schönes, bequemes Zimmer.
Was für einen Wagen kauft der Herr?
—Er kauft einen Sportwagen.

Was bedeutet . . . . . . ? What does . . . . . . mean?

Was bedeutet EWG?
—Das bedeutet ,,Europäische Wirtschaftsgemeinschaft''.

Warum? Why?

Remember that this can have two kinds of answer:
(a) . . . because . . . ; (b) . . . in order to . . .

Warum ist die Frau in die Stadt gefahren?
—Sie ist dorthin gefahren, weil sie einkaufen gehen mußte.
—Sie ist dorthin gefahren, um einkaufen zu gehen.

Note the position of **zu** with (i) simple verbs, (ii) inseparable verbs, (iii) separable verbs:

(i) . . . . . . , um ein Geschenk **zu** kaufen.
(ii) . . . . . . , um seine Großeltern **zu** besuchen.
(iii) . . . . . . , um seine Freundin an**zu**rufen.

Wozu? Why? For what purpose?

This is answered in the same way as **Warum?** (b) above.

Wie? How?

This can sometimes be answered with an adverb or adverbial phrase:

Wie ist der Mann gefahren?
—Er ist schnell/wie verrückt gefahren.

Sometimes a clause or an explanatory statement is required:

Wie hat sie ihrer Mutter geholfen?
—Sie hat ihr beim Abspülen geholfen.
—Sie hat ihr geholfen, indem sie abgespült hat.
—Sie hat für sie abgespült.

Wie groß? How big/tall? Wie alt? How old?

Wie groß ist er? Wie groß ist das Haus?
—Er ist einen Meter fünfzig. Das Haus ist riesig.
Wie alt ist er? Wie alt ist das Haus?
—Er ist sechzig (Jahre alt). Das Haus ist zweihundert Jahre alt.

Wie ist/sind . . . . . . ? What is/are . . . . . . like?

Wie ist die Schule?
—Sie ist sehr modern.

Wie sieht/sehen . . . . . . aus? What does/do . . . . . . look like?

Wie sehen die Touristen aus?
—Sie sehen erschöpft aus.

Wie spät?

Note that **Wie spät?**, as well as its literal meaning 'How late?' also means 'What time?':
Wie spät ist es?
—Es ist fünf (Minuten) vor drei.

Wieviel? Wieviele? How much? How many?

Remember that **viel** (much, a lot of) and **wenig** (little, not much) remain invariable in the singular (i.e. no extra endings are required).

Wieviel Geld hat der Mann?
—Er hat viel/wenig Geld/zweihundert Mark.
Wieviele Leute stehen auf dem Bahnhof?
—Etwa zwanzig Leute stehen dort.

Note the following carefully:
Wieviele Männer sind da? —Einer/Keiner.
Wieviele Frauen sind da? —Eine/Keine.
Wieviele Autos sind da? —Eins/Keins.

Wieviel Uhr . . . ? What time . . . ?

Wieviel Uhr ist es?
—Es ist kurz vor zwölf Uhr.
Um wieviel Uhr kommt sie nach Hause?
—Sie kommt um fünf Uhr nach Hause.

Wo? Where?

This is almost invariably answered using a preposition and a noun in the dative case. Remember that **zu Hause** means 'at home'.

Wo sind diese Leute?
—Sie sind auf der Straße/beim Bäcker.

Wohin? Where (to)?

Some of the prepositions used to answer this question take the accusative case, others take the dative case. They need to be carefully learnt. The most common are:

zu + dative   **auf** + accusative   **an** + accusative
in + accusative   **nach** + dative

Wohin gehen sie?/Wo gehen sie hin?
—Sie gehen zum Supermarkt/nach Hause/auf die Bank.
Wohin fahren sie?/Wo fahren sie hin?
—Sie fahren in die Stadt/zu den Großeltern/nach Köln.

Woher? Where from?

Von + dative and **aus** + dative are used to mean respectively 'from' and 'out of':

Woher kommt die Frau?/Wo kommt die Frau her?
—Sie kommt vom/aus dem Supermarkt.

Aus is used to show someone's or something's place of origin:

Woher kommt dieser Mann?/Wo kommt dieser Mann her?
—Er kommt aus Berlin (d.h. Er ist Berliner).
Woher kommt der Käse?/Wo kommt der Käse her?
—Er kommt aus Holland (d.h. Das ist ein holländischer Käse).

Aus is also used to show where e.g. a letter, telegram, train or bus has come from:

Woher kommt der Zug?/Wo kommt der Zug her?
—Das ist der Zug aus Prag.
Woher hat er einen Brief bekommen?
—Er hat einen Brief aus London bekommen.

Woher? can also mean 'How?'/'From what (evidence) . . . ?'

Woher wissen Sie, daß der Mann Polizist ist?
—Ich sehe/weiß das von der Uniform her.
Woher weiß man, daß dieser Mann Briefträger ist?
—Er trägt eine Uniform und einen Sack voller Briefe.

Worauf? On what? Worüber? Over what? Worunter? Under what?

Worauf sitzen die jungen Leute?
—Sie sitzen auf dem Boden.
Worüber fährt das Auto?
—Es fährt über eine Brücke.
Worunter wartet der Mann?
—Er wartet unter der Bahnhofsuhr.

Wann? When?

Wann passiert diese Szene?
—Im Mai/im Sommer/am zwanzigsten Juli/früh am Vormittag/spät am Abend/um fünf Uhr abends/nachts.
Wann fährt der Zug ab?
—Er fährt gleich/bald/in ein paar Minuten ab.

Welcher/Welche/Welches? Which?

The case of **welch—** will indicate the case in which the noun in your answer should be.

Welcher Mann/Welche Frau hat die Karten?
—Der Mann, der links steht, hat sie.
—Die Frau mit den langen Haaren hat sie.
Welchen Koffer hat der Dieb gestohlen?
—Den Koffer der alten Dame (hat er gestohlen).
—In welchem Laden sind sie/In welchen Laden gehen sie?
—Sie sind in der Bäckerei. Sie gehen in die Konditorei.

Welche Farbe hat . . . ? What colour is . . . ?

Welche Farbe hat die Uniform?
—Sie ist blau.

2. Remember, when answering questions requiring a yes/no answer, to avoid **nicht** + a noun, or **nicht ein(e)(n)** + a noun. In negative answers you should use **kein(e)(n)** + a noun:

Trägt die Dame eine Tasche?
—Nein, sie trägt keine Tasche (sondern einen Korb).
Stehen auf dem Parkplatz Motorräder?
—Nein, es stehen dort keine (Motorräder).

3. **Describing pictures**

Remember that '**Beschreiben Sie . . .**' ('Describe . . .') gives you the opportunity to show what you know. Say anything and everything you can about the picture/object/person referred to!

   Some Examination Boards will ask you to describe a picture, rather than to answer questions on it. If you are

asked to do this, say as much as you can! When describing a picture, remember that you need not limit yourself to saying what people in the picture *are* doing. You can also say:

a What they have just done:

| Er | hat | gerade + *past participle* |
| | ist | |

b What they will perhaps/probably etc. be doing:

Er wird	wohl	(bald/später) + *infinitive*
	vermutlich	
	vielleicht	
	wahrscheinlich	

c what they intend/hope/want/would like to do:

| Er | beabsichtigt | zu + *infinitive* |
| | hofft | |

| Er | will | + *infinitive* |
| | möchte | |

Remember also that, instead of using the present tense to say what someone is doing, you can also use:

Er ist	gerade dabei	zu + *infinitive*
	im Begriff	
	gerade damit beschäftigt	

Locating people in the picture:

Der Mann	im Hintergrund
Die Frau	im Vordergrund
Das Mädchen	auf/an der linken Seite
Der Junge	auf/an der rechten Seite
Das junge Paar	links von + *dative*
Die Leute	rechts von + *dative*
	in der Mitte des Bildes
	neben + *dative*
	vor + *dative*
	zwischen + *dative* und + *dative*

Der Mann, der	links	ist/sind
Die Frau, die	rechts	steht/stehen
Das Mädchen, das	im Garten	sitzt/sitzen
Die Leute, die	ins Kino	geht/gehen
	in den Garten	

Section B

1.

1 Wie spät ist es auf der Uhr im Bild? Vormittags, nachmittags oder abends?
2 An welchem Wochentag?
3 Der wievielte ist es?
4 Wie ist das Wetter? *Building*
5 Vor was für einem Gebäude stehen die Leute?
6 Warum stehen sie Schlange? *que*
7 Warum sehen die drei Personen, die rechts stehen, so enttäuscht aus?
8 Warum freuen sich die zwei Leute, die die Treppe hinaufgehen?
9 Wie heißt das Kino?
10 Was läuft heute?
11 Wie lange läuft dieser Film?
12 Wieviele Vorstellungen gibt es jeden Tag? *INTRODUCTION*
13 Wann finden die Vorstellungen statt? *il*
14 Wieviele Leute stehen an der Kasse?
15 Was machen sie?
16 Beschreiben Sie die Frau an der Kasse!
17 Was verkauft die Frau, die links von der Kasse steht?
18 Beschreiben Sie sie!
19 Wieviele Leute in Uniform sehen Sie?
20 Wo stehen diese Leute?
21 Was machen sie?
22 Sehen Sie einen Polizisten auf dem Bild?
23 Was kosten die Plätze im Parkett?
24 Was kosten die Plätze im Rang?
25 Wohin führt die Tür links im Hintergrund?
26 Was für ein Laden steht rechts vom Kino?
27 Ist er noch offen?
28 Welches Tier sehen Sie auf dem Bild?
29 Beschreiben Sie es!
30 Was macht der Mann links im Vordergrund?
31 Wie sieht er aus?
32 Haben Sie schon einen Film mit James Bond gesehen?
33 Was halten Sie von dieser Art von Film?
34 Was für Filme sehen Sie am liebsten?
35 Wie weit ist das nächste Kino von Ihrem Haus entfernt?
36 Wie heißt es?
37 Wie oft gehen Sie hin?
38 Sind die Plätze dort billiger oder teurer als in diesem Kino?

2.

1 Wie ist das Wetter?
2 Woher wissen Sie, daß sich die Szene in Deutschland abspielt?
3 Wie weit ist dieser Ort von München entfernt? Und von Feldenheim?
4 Woher weiß man, daß die Leute mit dem Auto Engländer sind?
5 Wohin fahren die Engländer?
6 Was macht der englische Tourist?
7 Warum macht er das vermutlich?
8 Was macht seine Frau?
9 Was werden sie vermutlich gleich machen?
10 Zelten diese Engländer?
11 Wieviele Tische sieht man auf dem Bild?
12 Sind beide Tische frei?
13 Was steht auf den Tischen?
14 Worauf sitzen die Leute, die an dem einen Tisch sitzen?
15 Beschreiben Sie die Person, die den Rastplatz gerade verläßt!
16 Wieviele Bäume sehen Sie?
17 Wo sind diese Bäume?
18 Was macht der Mann, der links im Hintergrund am Flußufer sitzt?
19 Was hat er mitgebracht?

20 Was will die Frau in den Abfallkorb tun?
21 Warum ist das ein bißchen gefährlich?
22 Warum weint das Kind, das neben ihr steht?
23 Wo kommt der Mann her, der uns auf dem Weg entgegenkommt?
24 Worauf fährt er?
25 Was trägt er auf der Schulter?
26 Wohin führt der Weg über die Brücke?
27 Wieviele Tiere sehen Sie auf dem Bild?
28 Was für Tiere sind das?
29 Woher weiß man, daß die Kinder auf dem Feld Angst vor den Tieren haben?
30 Was hat man unter dem Baum im Vordergrund liegenlassen?
31 Wem gehören wohl diese Sachen?
32 Warum sind die Kinder, die auf der Brücke stehen, aufgeregt?
33 Beschreiben Sie die Brücke!
34 Beschreiben Sie das Mädchen, das am Flußufer liegt!
35 Was macht der junge Mann, der neben ihr sitzt?
36 Was bedeutet „sauber"?
37 Erklären Sie auf deutsch was ein Rastplatz ist.

3.

1 Wieviel Uhr ist es?
2 Woher wissen Sie das?
3 Wo findet diese Szene statt? *Sign*
4 Wie heißen die Straßen auf dem Bild?
5 Was ist der alten Dame passiert?
6 Was hat sie fallenlassen?
7 Wo kommt sie wohl her?
8 Wohin ging sie wohl, als der Unfall passierte?
9 Steht die Ampel auf Rot? *Signal*
10 Wann müssen Autofahrer halten, und wann dürfen sie weiterfahren?
11 Wie sieht der Mann aus, der im Auto sitzt?
12 Warum ärgert er sich?
13 Wer sitzt neben ihm?
14 Was sagt er wohl zu der alten Dame? *Balcony*
15 Was macht der Mann auf dem Balkon gerade?
16 Was bringt ihm seine Frau?
17 Wo befindet sich ihre Wohnung? *um die Ecke*
18 Beschreiben Sie den Balkon!
19 Wer kommt aus seinem Laden? *Store*
20 Was kauft man in solch einem Laden?

21 Was will dieser Mann gerade machen?
22 Woher wissen Sie das?
23 Was für ein Laden steht an der Straßenecke?
24 Was kauft man in solch einem Geschäft?
25 Was für ein Gebäude steht rechts von der Metzgerei?
26 Wozu geht man in ein solches Gebäude?
27 Können Sie vier andere Arten von Geschäften nennen?
28 Was macht der Mann, der vor der Metzgerei steht? *Butchershop*
29 Was hat er zum Arbeiten mitgebracht?
30 Was liefert der Fahrer des Lieferwagens? *Delivery Truck*
31 Warum ist er aus dem Lieferwagen ausgestiegen?
32 Wieviele Leute sehen Sie im Vordergrund?
33 Beschreiben Sie sie!
34 Wer kommt um die Ecke?
35 Welche Farbe hat die deutsche Polizeiuniform?
36 Wer hat bemerkt, was der Dame passiert ist?
37 Wer hat anscheinend nichts vom Unfall bemerkt?
38 Fährt der Mann im Auto in die Stadtmitte?
39 Woher wissen Sie das?

63

4.
1. Der wievielte ist heute?
2. Wie heißt dieser Feiertag?
3. Ist das eine englische oder eine deutsche Familie? Woher weiß man das?
4. Wie spät ist es?
5. Vormittags oder nachts?
6. Woher wissen Sie das?
7. Wie ist das Wetter?
8. Woher weiß man das?
9. Was sieht man im Flur? *Hall*
10. Welche Zimmer sieht man auf dem Bild?
11. Welche anderen Zimmer sind vermutlich im Haus?
12. Womit spielt der Junge?
13. Wer spielt auch damit?
14. Wer spielt mit der Puppe? *Doll*
15. Wo spielen diese Kinder?
16. Was spielte man früher am Tisch?
17. Beschreiben Sie den Mann, der mit den Kindern spielt!
18. Trinkt er Bier oder Wein?
19. Woher wissen Sie das?
20. Was hat dieser Mann offensichtlich gehört?
21. Woher weiß man, daß der Hund das auch gehört hat?
22. Wer ist gerade angekommen?
23. Was haben diese Leute mitgebracht?
24. Für wen wohl?
25. Was steht auf dem Büfett?
26. Sind das Weihnachtskarten auf dem Tisch?
27. Ist der Tisch schon gedeckt?
28. Was wird wohl die nächste Mahlzeit sein?
29. Wen sieht man in der Küche?
30. Warum ist sie dort?
31. Was sieht man auf dem Küchenboden?
32. Welches Instrument sieht man auf dem Bild?
33. Wo steht es?
34. Wer spielt es im Moment?
35. Wo sehen Sie Weihnachtskarten?
36. Wo sehen Sie Päckchen?
37. Erfinden Sie einen Titel zu diesem Bild!
38. Wie feiert man in Deutschland das Weihnachtsfest?

5.

1 Wie spät ist es?
2 Wo sind diese jungen Leute?
3 Wieviele Erwachsene sehen Sie auf dem Bild?
4 Was sieht man im Hintergrund durchs Fenster?
5 Was für Sportarten betreiben die Leute im Hintergrund?
6 Wer schaut ihnen zu?
7 Beschreiben Sie ihn!
8 Was steht auf dem Tisch, der rechts im Vordergrund steht?
9 Was hat das Mädchen hinter der Kaffeebar gerade gemacht?
10 Warum steht der Junge am Tisch auf?
11 Bei wem sitzt er?
12 Was trinkt der Junge, der auf dem Barhocker sitzt?
13 Trinkt er aus einer Tasse?
14 Was für Getränke kann man hier kaufen?
15 Was kann man zum Essen bekommen?
16 Was kosten die Getränke?
17 Und das Essen?
18 Ist das Ihrer Meinung nach teuer?
19 Was spielt das Mädchen, das mit zwei anderen Personen auf dem Boden sitzt?
20 Spielen die beiden anderen Instrumente? Was machen sie?
21 Spielt der Tischtennisspieler, der rechts von der Tischtennisplatte steht, gegen einen Jungen oder ein Mädchen?
22 Warum ist er böse auf den Jungen, der hinter ihm steht?
23 Wie reagiert der andere Junge?
24 Was sagt er vielleicht zum Tischtennisspieler?
25 Was braucht man, um Tischtennis zu spielen?
26 Warum trägt das Mädchen, das links vom Fenster steht, ein altes Hemd über ihren Kleidern?
27 Wann findet der nächste Discoabend statt?
28 Wann findet der nächste Ausflug statt?
29 Was werden die jungen Leute, die daran teilnehmen, besuchen?
30 Wie werden sie dorthin fahren?
31 Was wird das kosten?
32 Wo sollen sie sich treffen?

I am the painter

6.

1. Welcher Bahnhof ist dies?
2. Wissen Sie, ob die Person im Vordergrund mit dem Rucksack ein Mann oder eine Frau ist?
3. Beschreiben Sie diese Person!
4. Was suchen die zwei Leute, die die Anzeigertafel ansehen?
5. Was sagt der junge Mann wohl zum Mädchen?
6. Beschreiben Sie die Leute, die auf den zwei Bänken sitzen oder liegen!
7. Warum steht eine der Frauen auf und läuft zu ihrem Kind hinüber?
8. Was ruft sie dem Kind wohl zu?
9. Mit wievielen Kindern fährt sie?
10. Was für Gepäck hat sie mit?
11. Warum ärgert sich die alte Dame, die rechts von der rechten Bank steht?
12. Was will sie?
13. Beschreiben Sie sie!
14. Was sagt sie wohl zum jungen Mann, der auf der Bank liegt?
15. Aus welcher Richtung kommt der Zug, der gerade angehalten hat?
16. In welche Richtung fährt er?
17. Was für einen Wagen sehen Sie hinter der Wagenstandanzeigertafel?
18. Welche Nummer hat dieser Wagen?
19. Wen sehen Sie darin sitzen?
20. Was machen diese Leute im Augenblick?
21. Auf welchem Bahnsteig warten die Reisenden noch auf ihren Zug?
22. Wann kommt der nächste Zug nach Passau an?
23. Woher weiß man, daß der Mann, der den Bahnsteig entlang geht, blind ist?
24. Warum lehnt ein Mann aus dem Fenster des Zuges?
25. Beschreiben Sie ihn!
26. Was gibt er dem Mann, der auf dem Bahnsteig steht?
27. Was reicht ihm dieser Mann?
28. Wem hilft der Gepäckträger?
29. Wie hilft er ihr?
30. Was trägt sie auf den Armen?
31. Warum steigt der Gepäckträger nicht sofort in den Zug ein?
32. Was laden die zwei Eisenbahner aus dem Zug aus?
33. Wann sind Sie zum letztenmal mit dem Zug gefahren?
34. Wohin sind Sie gefahren?
35. Sind Sie hin und zurückgefahren?
36. Was hat die Fahrt gekostet?
37. Wieviele deutsche Mark sind das?
38. Wissen Sie was DB bedeutet?

Ich bin der   der Blinder

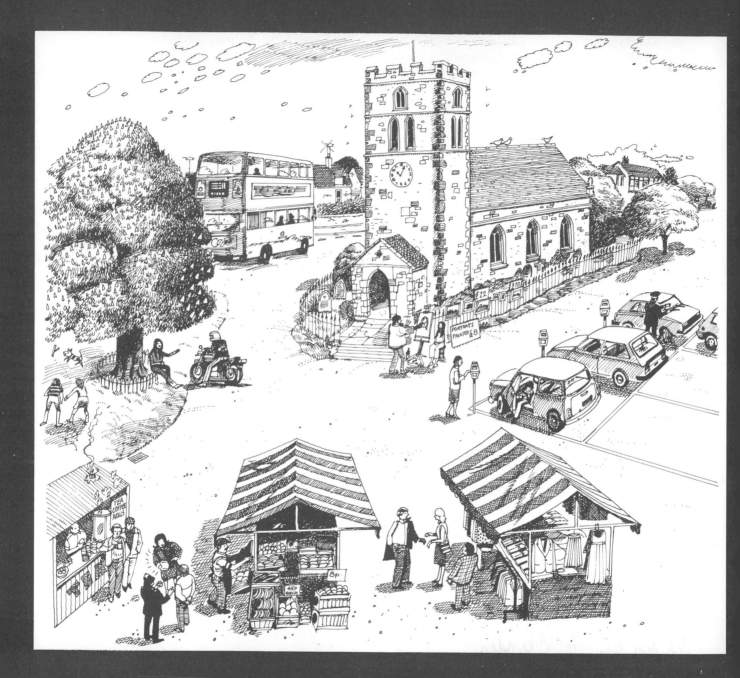

1 Wie spät ist es auf der Kirchturmuhr? *church tower clock*
2 Wo sind all diese Leute?
3 Was ist das große Gebäude, das in der Mitte des Bildes steht?
4 Was macht der Mann, der vor der Treppe dieses Gebäudes steht?
5 Was verkauft er?
6 Was kosten die Artikel, die er verkauft?
7 Wo gibt es einen Parkplatz?
8 Wieviele Autos sind dort geparkt?
9 Wieviele freie Plätze sind noch da?
10 Was macht die Frau, die gerade geparkt hat?
11 Ist sie allein hierher gefahren?
12 Warum steckt der Mann in Uniform einen Zettel unter den Scheibenwischer eines der Autos? *windshield washer*
13 Wieviele Buden sieht man auf dem Bild?
14 Wieviele Kunden hat der Verkäufer an der Obst- und Gemüsestand?
15 Was für Obst und Gemüse verkauft er?
16 Verkauft er auch Brot?
17 Woher weiß man, was das Obst und das Gemüse kosten?
18 Was probiert der junge Mann an, der vor der Kleiderbude steht? *Clothes booth*

19 Was sagt seine Freundin wohl zu ihm?
20 Was für Kleider verkauft der Kleiderhändler? *Clerk*
21 Ist der Bus vollbesetzt?
22 Wieviele Fahrgäste sehen Sie darin sitzen?
23 Mit wem plaudert das Mädchen, das unter dem Baum sitzt?
24 Worauf sitzt sie?
25 Worauf sitzt der junge Mann, der mit ihr plaudert?
26 Was machen die zwei Kinder, die unter dem Baum sind?
27 Wem gehört wohl der Hund?
28 Warum hat der Polizist den jungen Mann verhaftet?
29 Wer hat momentan das gestohlene Portemonnaie? *change purse*
30 Wie sieht die Dame aus, die mit dem Polizisten spricht?
31 Warum?
32 Was erklärt sie ihm vermutlich? *witness*
33 Wer war offensichtlich auch Augenzeuge des Diebstahls?
34 Beschreiben Sie die Uniform eines englischen Polizisten!
35 Beschreiben Sie die drei Männer, die dieser Szene mit dem Polizisten und dem Dieb zuschauen! *Thief*
36 Was sehen Sie auf dem Dach der Kirche?

8.

1 Wie ist das Wetter?
2 Wie heißt das Gasthaus?
3 Wissen Sie, was ein Hirsch ist?
4 Warum hat einer der Männer den Kofferraum seines Autos aufgemacht?
5 Warum hat er wohl zwei Koffer mitgebracht?
6 Wieviele Leute sitzen auf der Terrasse des Gasthauses?
7 Wieviele stehen dort?
8 Wen photografiert einer der Männer auf der Terrasse?
9 Womit photografiert man?
10 Beschreiben Sie den Mann, der das Segelflugzeug beobachtet!
11 Wohin geht der Kellner?
12 Was hat er vermutlich gerade gemacht?
13 Was sagen die zwei Männer, die am Tisch sitzen, zueinander?
14 Was haben sie zum Essen bestellt?
15 Was sagt man in Deutschland zueinander, bevor man zu essen anfängt?
16 Wieviele Schilder sehen Sie auf dem Bild?
17 Wo sind sie?

18 Lesen Sie vor, was auf diesen Schildern steht!
19 Beschreiben Sie die Tiere, die auf dem Bild sind!
20 Was machen die drei Männer am Abhang des Berges?
21 Warum könnte das gefährlich sein?
22 Was sehen Sie am Himmel?
23 Was für Bäume sieht man auf dem Bild?
24 Was sehen Sie auf dem See?
25 Was für Sportarten betreiben die verschiedenen Leute auf dem Bild?
26 Was sehen Sie am Seeufer?
27 Was macht die Familie, die am Seeufer sitzt?
28 Wohin geht der Mann vermutlich, der aus der Richtung Hügeldorf kommt?
29 Beschreiben Sie ihn!
30 Wie heißt das nächste Dorf?
31 Wie weit ist es vom Gasthaus entfernt?
32 Was macht der Mann, der auf der Treppe sitzt?
33 Warum wohl?
34 Was sieht man ganz im Hintergrund?
35 Versuchen Sie zu erklären, was ein Gasthaus ist.
36 Was ist eine Speisekarte?

[handwritten annotations]

signs

Flugzug
Wolken clouds
Berge mountain
Segelboot – sailboat
Ufer shore
Zelt – tent
Kuh – cow
wursten – brachen

Kellner – waiter
~~Salbot~~
HIRSCH – DEER (STAG)
FERNGLAS – binocular
Wanderer – hiker
Spazier

Picture stories for narration in the past tense

Section A

Obviously the subject matter of picture stories encountered in examinations varies enormously and it is not the purpose of this section to attempt to anticipate possible vocabulary areas. Its aim is to help you approach the writing of these stories in an organized, business-like way.

Before tackling Section B, you should work systematically through the tips and exercises in Section A, and afterwards refer back to them as often as you need to.

1. Most Boards require candidates to tell these stories in the past tense. You should therefore revise the perfect and imperfect tenses of regular and irregular verbs very thoroughly, particularly in the third person.

   Regular (ending in **-te**; **ge____t**)
   sagen → er sag**te**, er hat **ge**sag**t**

   Regular verbs in **-ten**/ **-den** (ending in **-ete**; **ge____et**)
   arbeiten → er arbei**tete**, er hat **ge**arbei**tet**
   baden → er bad**ete**, er hat **ge**bad**et**

   Irregular verbs (usually ending in a consonant and **ge____en**)
   sprechen → er spra**ch**, er hat **ge**sproch**en**
   sehen → er sa**h**, er hat **ge**seh**en**
   A list of the most common and useful irregular verbs is given on page 109–10.

   Remember that in German all intransitive verbs expressing motion or change of state (plus the verbs **bleiben** and **sein**) are conjugated with **sein** in the perfect tense:
   er **ist** gefahren; er **ist** gegangen; er **ist** gewesen; er **ist** geblieben, etc.

Unlike the imperfect tense in French, the imperfect tense in German, as well as expressing 'used to . . .' or 'was ____ing', can also be used to express a single, completed action in the past (ran/fell/saw/bought, etc.). You can therefore choose whether to relate these stories in the perfect or the imperfect tense. The imperfect tense is of course far easier to manipulate than the perfect, and the **haben/sein** problem is avoided.

The imperfect of modal verbs is more commonly used than the perfect. This also applies to the verbs **sein**, **haben**, **wissen**, and **werden**:

er mußte	er mochte
er konnte	er war
er durfte	er hatte
er wollte	er wußte
er sollte	er wurde

2. Most Boards allow preparation time for this task. During this time do not work out complicated sentences in English and then try to translate them into German. There are bound to be words in them you do not know and you will probably either end up panicking or inventing words and speaking gibberish! Look for simple ways of expressing the ideas; you are much more likely to have met these German words than the less common ones. The following examples illustrate this:

   a *Basic idea:* His father lost his temper.
   Simplified idea: His father got/became angry.
   Expressed in German as: Sein Vater wurde böse.

   b *Basic idea:* He had fully recovered.
   Simplified idea: He was well again.
   Expressed in German as: Er war wieder gesund.

c *Basic idea:* The thief snatched her handbag and made off with it.
Simplified idea: The thief took her handbag and ran off.
Expressed in German as: Der Dieb nahm ihre Handtasche und lief davon.

d *Basic idea:* He refused to go with them.
Simplified idea: He didn't want to go with them.
Expressed in German as: Er wollte nicht mit.

e *Basic idea:* He couldn't understand the instructions.
Simplified idea: He didn't know what to do.
Expressed in German as: Er wußte nicht, was er tun sollte.

If you are confident about using a more complicated expression or structure, by all means do so. If not, the golden rule is *think simple!*

X Find simple ways of expressing the following ideas in German. Do not attempt to translate them word for word!

1 He called in on his friend.
2 He couldn't cope with the work.
3 She began to panic.
4 She was rushed to hospital.
5 The child wouldn't stop crying.
6 He was a great football fan.
7 She couldn't bear mushrooms.
8 The traffic was extremely heavy.
9 There was a long wait for the bus.
10 He contacted her by letter.
11 She was made to produce her driver's licence.
12 They had a fantastic time.

3. It is often possible to start the story with some initial scene-setting, stating when the incident took place, introducing the main characters, and saying where they were and what they were doing.

a The following phrases will be useful for saying *when* something happened. Even if this is not obvious from the illustration, you could still suggest a time when it might have taken place:

eines Tages
letzten/vorigen Montag
letzten/vorigen Samstagmorgen
letztes/voriges Wochenende
letzte/vorige Woche
letzten/vorigen Monat
letzten/vorigen Sommer
letztes/voriges Jahr
letztes/voriges Weihnachten

neulich/vor kurzer Zeit
vor ein paar Tagen/Wochen/Monaten/Jahren
vor zwei Wochen/Monaten/Jahren

um/gegen Mittag/Mitternacht
um/gegen X Uhr vormittags/nachmittags/abends
mitten in der Nacht

an einem kalten Wintermorgen
an seinem/ihrem Geburtstag
in den Sommer-/Oster-/Weihnachtsferien
am Weihnachtsabend/am ersten Weihnachtstag
am ersten/letzten Tag seines/ihres Aufenthalts

als er/sie | in Deutschland | war
         | auf Urlaub |
         | auf dem Heimweg |
         | aus dem Büro kam
         | die Autobahn entlang fuhr

b Give the characters names, status, or give a brief description:

die Familie Müller/Herr und Frau Müller
ein deutscher Jugendliche | namens Peter
                       | , der Peter hieß
ein Mann/eine Frau mit Namen Müller
ein alter Herr und seine Frau
ein kleiner Junge/ein junges Mädchen
zwei englische Kinder/Teenager/Studenten
eine Gruppe von Schulkindern und eine Lehrerin
ein junges Ehepaar

The following adjectives and phrases will be useful for describing people:

alt, älter, jung, zwölfjährig, in mittleren Jahren
groß, klein, dick, schlank
schön, hübsch, schön aussehend
kahl, langhaarig, blond
reich, arm
mit Brille, mit Bart, mit Schnurrbart
mit langem Haar, mit langen Haaren

Remember the following adjectival endings when putting your adjectives next to their nouns:

ein _____**er** Mann
eine _____**e** Frau
ein _____**es** Mädchen
ein paar/einige/viele/mehrere/zwei _____**e** Kinder

The following vocabulary will be useful for referring to people incidentally involved in the stories:

ein Mann/Herr* – zwei Männer/Herren
eine Frau/Dame – zwei Frauen/Damen
ein Mädchen – zwei Mädchen
ein Jugendlicher† – zwei Jugendliche
ein Teenager – zwei Teenager
ein Passant* – zwei Passanten
eine Passantin – zwei Passantinnen
ein Vorbeigehender†, eine Vorbeigehende – zwei Vorbeigehende

der Tourist* (-en)/die Touristin (-nen)
ein Reisender†, eine Reisende – zwei Reisende
der Urlauber (-)/die Urlauberin (-nen)
der Chef (-s)/die Chefin (-nen)
der Direktor (-en)/die Direktorin (-nen)
der Leiter (-)/die Leiterin (-nen)
der Kunde* (-n)/die Kundin (-nen)
der Verkäufer (-)/die Verkäuferin (-nen)
der Automobilist* (-en)/die Automobilistin (-nen)
ein Bekannter†, eine Bekannte – zwei Bekannte
(ein paar/mehrere/viele) Leute
die Umstehenden†
ein Verwandter†, eine Verwandte – zwei Verwandte
der Vorsteher (-)/die Vorsteherin (-nen)
ein Vorgesetzter†, eine Vorgesetzte – zwei Vorgesetzte
der Arbeiter (-)/die Arbeiterin (-nen)
ein Beamter†, eine Beamte – zwei Beamten
ein Angestellter†, eine Angestellte – zwei Angestellte

Several of the above can conveniently be made into compound nouns by linking them to:

Schul-, Bank-, Post-, Bundesbahn-, Zoll-, Büro-, etc.
e.g. der Schulleiter, eine Bankangestellte, ein Zollbeamter.

c The following phrases will be useful for saying *where* the people were. They might be very general:

sich in Deutschland aufhalten

die Ferien | an der Küste | verbringen
       | auf dem Lande |

in London/England | sein
im Gebirge |

or more detailed:

an einer Bushaltestelle stehen

in seinem/ihrem Büro | sitzen
beim Fernsehen |

am Strand | liegen
im Krankenhaus |

die Straße entlang gehen/fahren

Nouns marked * are weak masculine nouns. Those marked † are adjectives or participles used as nouns and require adjectival endings. These grammatical points should be revised thoroughly.

   An example of a typical weak masculine noun is given on p. 54. Note how this differs from the adjective used as a noun:

ein Bekannter	eine Bekannte	der Bekannte	die Bekannte
einen Bekannten	eine Bekannte	den Bekannten	die Bekannte
eines Bekannten	einer Bekannten	des Bekannten	der Bekannten
einem Bekannten	einer Bekannten	dem Bekannten	der Bekannten
	Bekannte	die Bekannten	
	Bekannte	die Bekannten	
	Bekannter	der Bekannten	
	Bekannten	den Bekannten	

auf dem Weg nach Hause sein
beim Arzt sein

in einem Hotel/in einer Pension übernachten
in einem Restaurant/in einer Gaststätte essen/speisen

In order to use these, the following irregular imperfects
are very important:

war(en)	fuhr(en)
saß(en)	hielt(en) sich auf
stand(en)	verbrachte(n)
lag(en)	aß(en)
ging(en)	

d Saying *what* the people were doing, if this has not
already been covered in **c**, need only be a simple
statement joined to the foregoing by **und**.

Here are a couple of examples which involve **a**, **b**, **c**, and
d. Note carefully the word order:

An einem heißen
Sommertag **lag Fräulein
Schneider** am Strand in
Benidorm und sonnte sich.

Vorige Woche kurz vor
fünf **saß eine hübsche
Sekretärin** in ihrem Büro
und tippte Briefe.

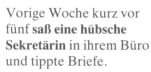

X Try to provide suitable openings for stories which start
with the following frames:

Try to think of a further ten possible story openings without the help of a picture stimulus.

4. The opening sentences which you have learnt to produce in **3.** seem quite complicated but are made up of simple elements, and are relatively easy to construct. However, if you find them too unwieldy (and this will apply equally to advice given in later sections), break them down into a series of shorter, more manageable units. The following examples illustrate this:

Single sentence: An einem heißen Sommertag lag Fräulein Schneider am Strand in Benidorm und sonnte sich.
Short units: Es war Sommer. Das Wetter war sehr heiß. Fräulein Schneider war in Benidorm. Sie lag am Strand. Sie sonnte sich.
Single sentence: Vorige Woche kurz vor fünf saß eine hübsche Sekretärin in ihrem Büro und tippte Briefe.
Short units: Es war kurz vor fünf. Eine Sekretärin saß in ihrem Büro. Sie war sehr hübsch. Sie tippte Briefe.

As you can see from these examples, this method is adequate, but rather unimaginative!

5. Sometimes you need to say what someone *had* previously done, before certain things in the story took place. This requires the use of the pluperfect tense:

Er | hatte | ...... + *past participle*
   | war |

X In order to practise this, complete the following sentences by putting the infinitive phrases (in brackets) into the pluperfect tense. Then say what each complete sentence means:

e.g. (vor kurzem einen neuen Sportwagen kaufen), und er war sehr stolz darauf
Er hatte vor kurzem | einen neuen Sportwagen **gekauft**,
Vor kurzem **hatte er** |
   und war sehr stolz darauf.
He had recently bought a new sports car and was very proud of it.

1 (am Abend zuvor einen Autounfall haben), und er lag jetzt im Krankenhaus
2 (gerade ankommen), und sie kannte niemanden auf der Party
3 (nach Köln fahren), und sie fuhren jetzt nach Bonn zurück
4 (früher im Supermarkt einkaufen), und sie ging jetzt nach Hause zurück
5 (den ganzen Nachmittag weit wandern), und jetzt kamen sie erschöpft im Wirtshaus an
6 (am vorigen Tag einen Paß bekommen), und sie steckte ihn jetzt sorgfältig in die Handtasche
7 (kurz vorher einen feinen Anzug anziehen), um mit seiner Frau ins Konzert zu gehen
8 (erst vor einigen Tagen in die Wohnung einziehen), und alles war noch in Unordnung

The following adverbs and adverbial phrases will be useful for this sort of situation:

schon
(kurz) vorher
kürzlich/vor kurzem/vor kurzer Zeit
gerade/(so)eben
früher (am Tag/am Abend, *etc.*)
(erst) vor einigen Augenblicken
vor einer Stunde/vor einigen Tagen, etc.
am vorigen/letzten/vergangenen Tag/Vormittag, *etc.*
in der vorigen/letzten/vergangenen Woche
im vorigen/letzten/vergangenen Monat/Jahr

6. If the weather is an important factor, indicate this. The imperfect, and in certain instances the pluperfect are appropriate tenses here:

An diesem Tag . . .
   . . . regnete es (stark/in Strömen).
   . . . schneite es (in dichten Flocken).
   . . . donnerte und blitzte es.
   . . . schien die Sonne (hell).
   . . . war das Wetter kalt/warm/heiß/windig/neblig.
   . . . wehte ein kalter/eisiger/starker/heftiger Wind.

Es war ein schwüler/sonniger/regnerischer/stürmischer/ (naß)kalter/gewittriger Tag.
Ein Gewitter drohte.
Sie hatten ein schweres/heftiges Gewitter.
Graue/Schwere Wolken hingen am Himmel.

Der Himmel war | bewölkt/mit Wolken bedeckt.
           | klar/wolkenlos/ohne Wolken.

Draußen lag | der Schnee knietief/meterhoch.
        | hoher Schnee.

Früher (am Tag, *etc.*) | hatte es | geregnet.
In der (vorigen) Nacht | | geschneit.
                    | gefroren.

Es war (viel) Eis auf den Straßen.

Changes in the weather can be indicated by **anfangen zu** + *infinitive*; **beginnen zu** + *infinitive*; **aufhören zu** + *infinitive*.

e.g. Es | fing an, | zu regnen/schneien.
     | hat angefangen, |

   Es | begann, | zu regnen/schneien.
       | hat begonnen, |

   Es | hörte auf, | zu regnen/schneien.
       | hat aufgehört, |

Der Schnee begann/fing an, zu schmelzen/tauen.

The following expressions are also useful:
Die Sonne brach durch die Wolken.
Das Wetter hat sich (allmählich/plötzlich) verändert.
Es hat sich (allmählich/plötzlich) aufgeklärt.

7. The following kinds of subordinate clause are very useful for indicating progression. Note carefully the word order:

Before
Ehe er verreiste, packte er seinen Koffer.
Bevor er verreist ist, hat er seinen Koffer gepackt.

After
Nachdem er ankam, besuchte er uns.
Nachdem er angekommen ist/war, hat er uns besucht.

As soon as
Sobald* er es sah, rief er die Polizei an.
Sobald* er es gesehen hat, hat er die Polizei angerufen.

Hardly had . . . when
Kaum hatte er das Haus erreicht, **da** begann das Gewitter.

When/As
Als er eintrat, fand er den Brief.
Als er eingetreten war, hat er den Brief gefunden.
Beim Eintreten fand er den Brief.
Er wollte (eben/gerade) einsteigen, **als** er seinen Koffer auf den Bahnsteig fallen ließ.

While
Während er arbeitete, rauchte er.
Während er beim Kranken blieb, holte sein Nachbar den Arzt.
Während er beim Kranken geblieben ist, hat sein Nachbar den Arzt geholt.

Gleich bevor/nachdem . . . expresses *just* before/after . . .
Gerade als . . . expresses *just* as/when . . .

The word order in such combinations of clauses is a little complicated. In some cases prepositions with appropriate nouns will express the same ideas more simply (**vor** + dative; **nach** + dative; **während** + genitive):

e.g. Ehe/Bevor er abfuhr, . . . → Vor der Abfahrt . . .
    Nachdem er eine Stunde gearbeitet hatte → Nach einer Stunde (Arbeit)

---

*A common mistake is to say sobald **als** . . .: this is incorrect.

Während er in Bonn war, . . . → Während seines Aufenthalt(e)s in Bonn . . .

Note also the following alternative ways of expressing *just as . . .*:

Er **wollte gerade/eben** einsteigen, als er seinen Koffer fallen ließ.
Beim Einsteigen ließ er . . . *etc.*

X a Try using some of the above to talk about the following pictures in the past tense:

b Use some of them to combine the following pairs of sentences. You may use either sentence first. Say what your new sentences mean:

1	Die Sendung war zu Ende.	Monika schaltete das Fernsehgerät aus.
2	Herr Huber ging an die Arbeit.	Er aß ein großes Frühstück.
3	Die Smiths zelteten in Bayern.	Sie lernten eine deutsche Familie kennen.
4	Fräulein Beckmann verließ ihre Wohnung.	Das Telefon klingelte.
5	Er ging zum Interview.	Er mußte sich die Haare schneiden lassen.
6	Sie fand ihren Mann auf dem Boden liegen.	Sie rief den Nachbarn.
7	Sie rieb die Haut mit Sonnenöl ein.	Sie legte sich in die Sonne.
8	Er spielte Fußball.	Er hat sich ein Bein gebrochen.
9	Sie hatte die Jacke gekauft.	Sie sah eine billigere Jacke im Laden nebenan.
10	Sie hörte die Nachricht.	Sie fiel in Ohnmacht.
11	Er war in Deutschland.	Er kaufte Geschenke für die ganze Familie.

8. Apart from simple narrative (saying what the characters did/were doing), it is sometimes necessary to talk about what they said, asked, etc. This can be done via direct speech or indirect speech. Direct speech is adequate, but it is rather pedestrian and sounds rather artificial when telling a story.

Direct speech
The original words spoken are used. Note the word order in the introductory verbs:

Er sagte (zu) seiner Frau: ,,Ich bleibe lieber zu Hause.''
,,Ich bleibe lieber zu Hause'', **sagte er** (zu) seiner Frau.
Er fragte seine Frau: ,,Willst du mitfahren?''
,,Willst du mitfahren?'' **fragte er** seine Frau.

Indirect speech
a The following verbs are useful, as they can be used with a simple . . . . . . **zu** + infinitive:

versprechen (to promise); **befehlen** (to order); **bitten** (to ask, request)
e.g. Er versprach ihm, die Waren zu liefern.
Er befahl seinen Schülern, auf dem Bahnsteig zu warten.
Er bat seine Sekretärin, den Brief sofort zu tippen.

Note that all of these three verbs are irregular, and that the first two require the dative.

b In all other forms of indirect speech correct German requires the use of the subjunctive. In modern, colloquial German this is not strictly observed and at this level it is not essential. However, if you intend to use indirect speech, it is better at least to *try* to produce correct German.

There are many verbs which introduce indirect speech but for your purposes the following will suffice:

Er sagte (zu) ihm, (daß) . . .
Er meinte, (daß) . . .
Er antwortete ihm, (daß) . . .
Er fragte ihn, ob/wann/wo . . .
Er wollte wissen, ob/wann/wo . . .

The three previously mentioned verbs, **versprechen**, **befehlen**, and **bitten** can also be used in this way.

Indirect statements
There are two ways of constructing an indirect statement:

Er sagte, **er wolle** in die Stadt fahren.
Er sagte, **daß er** in die Stadt fahren **wolle**.

Although both are correct, the word order of the second is more complicated, and in longer sentences it can become unwieldy. The first is more natural to the English speaker and is to be preferred.

The use of the subjunctive in indirect speech cannot be dealt with fully here. However, since you will be dealing mainly with the third person, the following rule of thumb will generally apply:

a If you are using the subjunctive, use the tense of the original words even though this does not seem correct to the English ear:

,,Ich habe/will/kann/bin . . .''
Er sagte, er **habe/wolle/könne/sei** . . .

b The present subjunctive of the third person plural is the same as the present indicative of most verbs. The imperfect subjunctive is therefore used to retain a subjunctive 'flavour':

Er sagte, sie **müßten/könnten/hätten/wären** . . .

Indirect questions
The same rules apply to indirect questions: use the subjunctive in the tenses explained above:

,,Kannst du?/Willst du?/Hast du?/Bist du?''
Er fragte, ob er **könne/wolle/habe/sei** . . .

,,Könnt ihr?/Wollt ihr?/Habt ihr?/Seid ihr?''
Er fragte, ob sie **könnten/wollten/hätten/wären** . . .

,,Hast du schon gegessen?''/,,Habt ihr schon gegessen?''
Er wollte wissen, ob | der Junge **gegessen habe.**
                    | die Kinder **gegessen hätten.**

,,Wirst du mit dabeisein?''/,,Werdet ihr mit dabeisein?''
Er fragte, ob | er mit **dabeisein werde.**
            | sie mit **dabeisein würden.**

Indirect commands

Sentences such as 'He said he should/ought to . . .' and 'He told him to . . .' are expressed thus:

Er sagte | (zu) ihm, er soll(t)e . . .
| (zu) ihnen, sie sollten . . .

X Put the following into indirect speech, starting your new sentences with:

Er/Sie sagte(n) . . .
Er/Sie fragte(n) . . .

1 ,,Ich habe nicht genug Geld", sagte er zu seinem Vater.
2 ,,Ich fühle mich krank", sagte er zu seiner Mutter.
3 ,,Ich werde an der Kasse warten", sagte er zu seiner Frau.
4 ,,Ich will nicht ins Kino gehen", sagte sie zu ihrem Freund.
5 ,,Ich kann nicht ausgehen", sagte sie zu ihrer Freundin.
6 ,,Wir haben Ihre Brieftasche gefunden", sagten die Kinder zum Herrn.
7 ,,Ich habe meine Fahrkarte verloren", sagte er zum Beamten.
8 ,,Ihr dürft nicht mehr in den Jugendklub gehen", sagte sie zu den Kindern.
9 ,,Ist das Ihr Gepäck?" fragte er die Dame.
10 ,,Haben Sie etwas zu verzollen?" fragte er den Mann.
11 ,,Wie spät ist es?" fragte sie ihre Freundin.
12 ,,Warum hat der Zug Verspätung?" fragte er den Beamten.
13 ,,Willst du mir 20 Mark borgen?" fragte er seinen Freund.
14 ,,Hast du gut geschlafen?" fragte sie den jungen Engländer.
15 ,,Ist Ihr Mann zu Hause?" fragte er Frau Schmidt.
16 ,,Wann fährt der nächste Bus nach Dinkelsdorf?" fragte er den Herrn.
17 ,,Kommen Sie herein!" sagte er zu dem Herrn.
18 ,,Wartet vor dem Laden auf mich!" sagte sie zu ihren Kindern.
19 ,,Bleibt ruhig im Auto sitzen!" sagte er zu den Kindern.
20 ,,Fahr langsamer!" sagte sie zu ihrem Mann.
21 ,,Hab keine Angst!" sagte sie zum Kind.
22 ,,Sei nicht so dumm!" sagte sie zu ihrem Sohn.

9. Remember that you have two ways of expressing *why* people did/had done something in the story:

. . . . . . , **weil** . . . . . . + *verb*
. . . . . . , **um** . . . . . . **zu** + infinitive

e.g. Sie fuhr in die Stadt, ...
| . . . . . . , **weil** sie ihre Freundin **besuchen wollte**.
| . . . . . . , **um** ihre Freundin **zu besuchen**.

X Find suitable reasons to complete the following:

1 Sie ging zur Post, ...
2 Sie gingen ins Kino, ...
3 Er hat DM 1000 von seinem Bankkonto abgehoben, ...
4 Sie ging in eine Telefonzelle, ...
5 Er besuchte seinen Freund, ...
6 Er rief beim Zahnarzt an, ...

10. The following adverbs/adverbial phrases are useful for introducing various incidents in the story and indicating progression:

erst/als erstes/zuerst/zunächst
dann/anschließend/(eine Stunde) später
kurz darauf
plötzlich
sofort/sogleich/im Nu/blitzschnell/wie der Blitz/wie ein geölter Blitz
langsam/sorgfältig/leise
ohne ein Wort/ohne weiteres

ohne | zu zögern
| eine Sekunde zu verlieren
| zu warten
| etwas gesagt zu haben

zum Glück/glücklicherweise
unglücklicherweise/leider
also/deswegen/daher/darum/deshalb
inzwischen
endlich/schließlich

Remember that if the adverb/adverbial phrase is used at the beginning of the sentence, the subject/verb must be inverted:

e.g. Er rief also bei seinen Eltern an.
but: Also rief er bei seinen Eltern an.
Er ist wie der Blitz zur Telefonzelle gelaufen.
but: Wie der Blitz ist er zur Telefonzelle gelaufen.

11. The following expressions are useful for showing a character's reaction to an incident:

sich freuen (über + *accusative*)
froh sein
(herzlich/laut/spöttisch/Tränen) lachen (über + *accusative*)
jemanden auslachen

sich ärgern (über + *accusative*)
schimpfen mit jemandem/jemanden ausschimpfen
böse sein/werden (auf + *accusative*)
zornig/verärgert aussehen
wütend sein (auf + *accusative*)
jemanden anbrüllen
sich (zu Tode) langweilen

traurig | sein/werden
unglücklich |

weinen/in Tränen ausbrechen
(sehr/furchtbar/zu Tode) erschrocken sein
(große) Angst haben/bekommen

stolz (auf + *accusative*) sein
neugierig sein/werden
begeistert sein (über + *accusative*)
eifersüchtig/neidisch sein (auf + *accusative*)
(bitter) enttäuscht sein (über + *accusative*)

sich aufregen/aufgeregt sein
überrascht/erstaunt/schockiert sein (über + *accusative*)
zu seiner/ihrer Überraschung . . .

sich schämen (über + *accusative*/wegen + *genitive*)
sich entschuldigen
verlegen sein/werden/aussehen
verwirrt sein
rot (im Gesicht) werden
einen Schrei ausstoßen

jemanden (freundlich) anlächeln
jemandem zuwinken
jemandem (herzlich) danken/jemandem dankbar sein
(für + *accusative*)

X Use as many of these expressions as you can to describe the reactions of the people in the following pictures:

Er sah	seinen Freund.
	ihn auf dem Bahnsteig stehen.
	, wie das Kind ins Wasser fiel.
	, daß das Kind in Schwierigkeiten geraten/ gekommen war.

| Er hörte | das Kind weinen. |
| | , wie das Kind nach Hilfe rief. |

| Er | erfuhr, | daß seine Mutter krank |
| | erhielt die Nachricht, | war. |

b Someone's making a decision:

Er beschloß, (hat beschlossen,) es zu kaufen.
Er entschloß sich, (hat sich entschlossen,) ins Ausland zu fahren.

c Someone's remembering something:

Es fiel ihm plötzlich ein, daß er seine Mutter anrufen sollte.

d Someone's having made a mistake. The word **falsch** is very useful here:

Er stieg in den falschen Zug ein.
Er nahm den falschen Koffer.
Er ging ins falsche Zimmer/fuhr in der falschen Richtung.
Er ist falsch gegangen/gefahren.
Er hat falsch verstanden.

The following expressions are also useful:

Er hat den Paß verloren/verlegt/vergessen/irgendwo liegenlassen.
Er hat die Koffer miteinander verwechselt.
Er hat sich verlaufen/verirrt/verfahren.
Er hat sich (in der Zeit/im Datum/im Weg) geirrt.
Er hat (das Wort/das Schild, etc.) mißverstanden.

e Something unpleasant happening to one of the characters. Reflexive verbs are useful here:

| Er brach sich | das rechte Bein. |
| | den linken Arm. |

12. The following sections indicate what are often important turning points in picture stories and suggest the kind of sentences which will serve to deal with them:

a The noticing (or not noticing!) of a situation by a character:

Er bemerkte	den Dieb nicht.
	nicht,	daß	der Dieb den Koffer nahm.
		wie	

Er schnitt sich (in die Hand).
Er verletzte sich (die Hand).

The passive is also useful:
Er wurde + *past participle*.
Er ist + *past participle* worden.

e.g. Er ist überfahren worden.
     Er wurde ins Krankenhaus gebracht.
     Er ist vom Arzt untersucht worden.
     Er mußte operiert werden.

3. Finally here are a few sentences which might serve to round off a story:

Das war | (wirklich) dumm von ihm/ihr | , nicht wahr?
       | eine prima Idee
       | eine gute Lösung

Er hat also Glück/Pech gehabt.
So ein Glück/Pech!
Ende gut, alles gut!

Das war wirklich schade (um ihn/sie), nicht wahr?
Die Eltern/Alle waren recht stolz auf ihn/sie.
Es tat ihm/ihr sehr leid, daß er/sie so dumm gewesen war (so dumm gehandelt hatte/so was Dummes gemacht hatte).
Man muß ihn/sie bedauern, nicht wahr?
Er/Sie hätte sich schämen sollen, nicht wahr?

Das war | ärgerlich/unangenehm | , nicht wahr?
       | ihm/ihr sehr peinlich |

Er/Sie war also in einer peinlichen Lage.
Das war also ein großer Erfolg/Triumph/Gewinn!

Was für | ein Erfolg!
Welch | eine (un)angenehme Überraschung!
So | ein nettes/komisches/(un)angenehmes
       | Erlebnis!

So was Dummes/Schönes/Unerwartetes!

Das hat(te) er/sie | bestimmt nicht | verdient!
            | wirklich |

Section **B**

Try to use the foregoing advice to tell the following ten stories in the past tense. For the first five stories, help is given in the form of useful verbs and phrases. Irregular verbs are marked *; those marked † require **sein** in the perfect tense. You should consider the suggested vocabulary only as a starting point and should not stick slavishly to it:

1. Eine Enttäuschung

a einen Einkaufsbummel machen
in die Stadt fahren*†

b parken
durch die Stadt bummeln†
in die Schaufenster schauen/gucken
vor einem Schaufenster halten*
einen Pelzmantel bemerken
DM 350 kosten
für spottbillig halten*
ihn kaufen wollen*

c ihre Mutter ums Geld bitten*
versprechen*, das Geld zurückzuzahlen
nicht genug Geld bei sich haben*
beschließen*, auf die Bank zu gehen

d einen Scheck einlösen
auf ihre Mutter warten
aufgeregt sein*†
ihrer Tochter das Geld geben*

e keine Minute verlieren* (wollen*)
sofort zum Laden zurückeilen†
sich (schon) auf den Mantel freuen

f Pech haben*
nicht mehr da sein*†
bitter enttäuscht sein*†
das Geld zurückgeben*

2. Ein Unfall in den Bergen

a in den Bergen zelten/zwei Wochen in
   den Bergen verbringen*
  wandern† (gehen*†)
  Rucksäcke/Stiefel tragen*
  den Campingplatz verlassen*
  in froher/heiterer Stimmung sein*†
  lachen/miteinander scherzen

b an einen Bach/Fluß gelangen†
  den Bach/Fluß überqueren
  stolpern†/ausrutschen†
  sich das Bein verletzen
  (schwer) zu Boden fallen*†/stürzen†

c sich zum Ufer schleppen
  (bewußtlos) am Ufer liegen*
  stöhnen
  (schwer) verletzt sein*†/aussehen*
  mit einem Anorak bedecken
  Äste/Stangen abschneiden*/abhacken
  eine Tragbahre (daraus) machen

d (ihn) auf die Bahre legen
  (ihn) bergab tragen*
  vorsichtig gehen*† (müssen*)
  nur langsam gehen können*
  wieder zu sich kommen*
  (furchtbar) weh tun*

e das Krankenhaus anrufen*
  auf (ihn) aufpassen
  (ihm) etwas Warmes zu trinken geben*
  (schwer) leiden*
  tapfer sein*†
  seinem Freund (tapfer) zulächeln

f den Verletzten in den Krankenwagen
   legen
  (sofort) zum Krankenhaus fahren*†
  das Motorrad holen
  hinter dem Krankenwagen
   herfahren*†
  ihren Freund zum Hotel begleiten

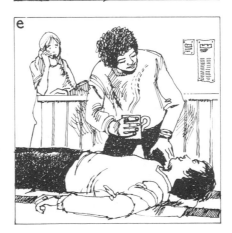

3. Ein anstrengender Tag

a nicht aufstehen*† (können*)/nicht
 aufzustehen brauchen
 zu krank sein*†, um aufzustehen
 vorschlagen*, daß . . .
 ihre Mutter anrufen*
 nicht wollen*, daß . . .
 beschließen*, | nicht ins Büro zu gehen
   | zu Hause zu bleiben

b den Kindern das Frühstück servieren
 anfangen*/versuchen, das Mittagessen
   zuzubereiten
 überkochen
 abspülen
 (eine Tasse) fallenlassen*
 heulen/weinen

c mit dem Bus in die Stadt fahren*†
 das Kind mitnehmen* (müssen*)
 immer noch weinen
 einen schweren Korb voller Einkäufe
   nach Hause bringen*
 sich (mühsam) nach Hause schleppen

d sauber machen/das Haus säubern
 die Teppiche absaugen*
 dem Kind die Windeln wechseln
 nicht aufhören* (wollen*), zu weinen

e von der Schule nach Hause kommen*†
 das Essen auf den Tisch stellen
 sich zanken/sich streiten*
 (ihn) bei der Arbeit hindern
 viel Lärm machen
 sich über den Lärm ärgern

f (völlig) erschöpft sein*†
 es nicht mehr ertragen können*
 sich hinlegen (müssen)*
 seiner Frau leid tun*
 aufstehen*†, um . . . . . . zu + *infinitive*
 es sehr komisch finden*/den Kindern
   komisch vorkommen*†

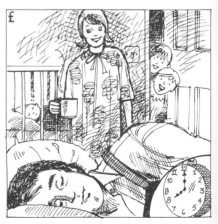

4. Der Schmuggler

a von seinem Aufenthalt zurückkehren†
   im Hafen ankommen*†
   an Bord gehen*†

b sich vor dem Laden mit zollfreien
     Waren anstellen
   zu viele Zigaretten/Flaschen Wein | kaufen
   zu viel Parfüm
   all sein Geld/sein ganzes Geld
     ausgeben*
   (unter der schmutzigen Wäsche)
     verstecken

c im englischen Hafen ankommen*†
   von Bord gehen*†
   etwas dicker als gewöhnlich aussehen*
   sich zur Zollkontrolle begeben*
   zur Zollkontrolle gehen*†

d etwas/nichts zu verzollen haben*
   (ihn) fragen, ob . . .
   die Frage verneinen/es bestreiten,
     daß . . .
   (ihn) den Koffer aufmachen lassen*
   die Wäsche herausnehmen*
   die (geschmuggelten) Waren finden*

e kein Geld (mehr/übrig) haben*, um
   . . . . . . zu verzollen
   (die Waren) beschlagnahmen*/
     konfiszieren/wegnehmen*
   sauer sein*†/aussehen*/reagieren

f unter seinem Mantel versteckt sein*†
   gerade dabei sein*†, die Zollkontrolle
     zu verlassen
   zurückrufen*
   zu Boden fallen*†
   zerbrechen*
   sich (sehr) verlegen/dumm fühlen

5. Ein fixer Bursche!

a vor der Bank anhalten*
aus dem Wagen aussteigen*†
etwas unter dem Mantel verstecken/
    versteckt haben*
im Wagen sitzen*(bleiben*†)/warten
in die Bank gehen*†
arbeiten/ein Schaufenster putzen

b einen Schuß/Schreie hören
bemerken, daß . . ./wie . . .
aus der Bank laufen*†/stürzen†
Strümpfe über dem Gesicht tragen*
bewaffnet sein*†/ein Gewehr tragen*
Säcke voll(er) Geld tragen*

c die Räuber verfolgen (wollen*)
oben auf der Treppe stehen*
    (müssen*)
es nicht wagen, ... zu + *infinitive*
sich (nicht) bewegen
(die Bankbeamten) mit dem Gewehr
    bedrohen
auf die Bankbeamten zielen
seine Leiter greifen*/fassen

d hinter dem Wagen herlaufen*†
die Leiter heben*
die Leiter vor den Wagen werfen*

e zersplittern
(die Straße) nicht mehr sehen* (können*)
schleudern†/ins Schleudern geraten*†
auf den Bürgersteig fahren*†
gegen eine Mauer fahren*†

f (am Tatort) ankommen*†
die Diebe/Räuber fassen/verhaften
in den Polizeiwagen schieben*
eine Aussage machen (müssen*)
die Details in sein Notizbuch
    schreiben*
(ihm) gratulieren

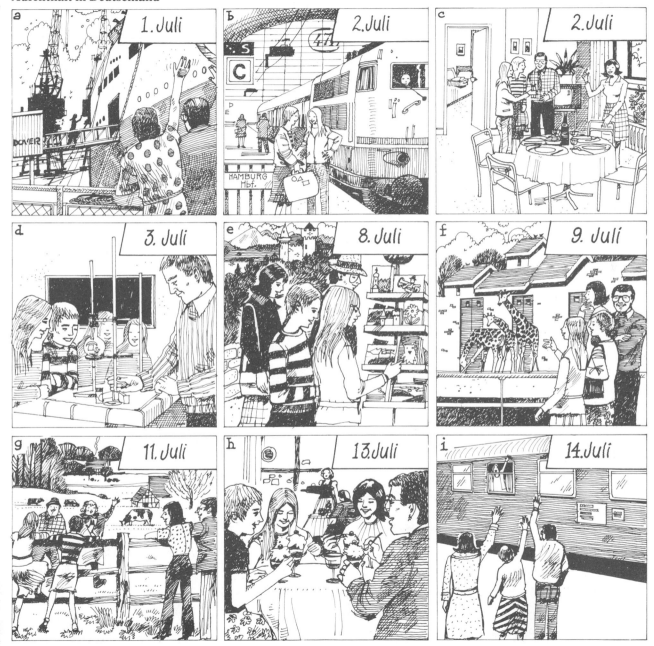

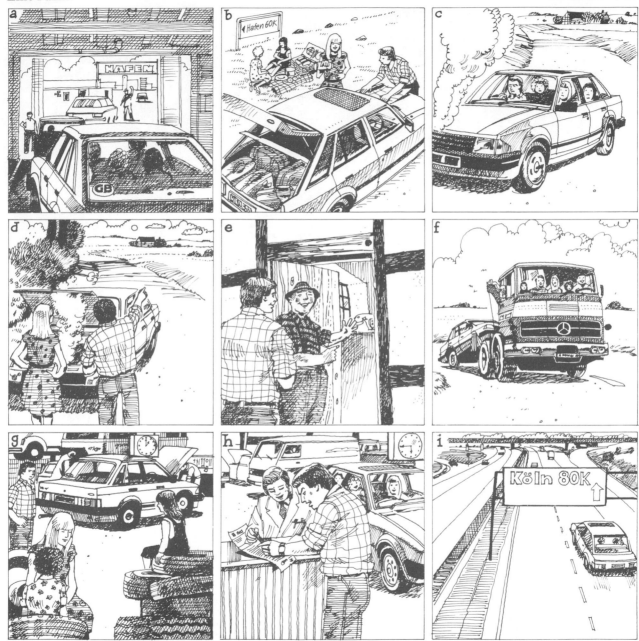

8. Panik!

9. Eine große Liebe

10. Der Brand

oil heater = der Ölofen

Role-play

Section A

Apart from specific instructions set out on the role-play test cards, you must be prepared to find appropriate (and immediate!) reactions to additional problems, decisions, queries, questions, requests for further details and so on, introduced by the examiner as he/she plays the part of the other 'characters'. The following notes and exercises will give you plenty of practice and help your general approach.

Preliminary advice

1. Unless you happen to know a structure or phrase which ideally suits the instructions, think of the simplest and most straightforward way of communicating the information. Unless you really feel you can cope with them, avoid complicated, unwieldly sentences.

   e.g. If the instructions are 'Ask when you are going to reach your destination', ask 'Wann kommen wir an?' or, if the situation is a plane journey, 'Wann landen wir?'

   If you are instructed to ask whether someone had a good time at a party, you could simply ask 'Wie war die Party?'/'Wie war's auf der Party?'/'War die Party gut?'

X Communicate the following information using the following two stages: **a** simplify the idea; **b** express it in German (not translating word for word!)

   e.g. Ask whether your correspondent has recovered from his/her illness.

   a Is he/she better/well again?
   b 'Geht es dir besser?'/'Bist du wieder gesund?'

   1 Say that you don't feel like going into town.
   2 Ask where your correspondent's father is employed.

3 Tell a policeman that you witnessed the accident.
4 Ask whether you can have an appointment with the dentist.
5 Say that the market was very crowded.
6 Say that you have had no news from England.
7 Ask whether any seats are still available for the concert.
8 Say you want to get cleaned up before dinner.
9 Say you have been involved in an accident.

2. The examiner will usually be playing the role of an adult, but could also be representing a young person. Remember never to mix the formal and familiar forms of address.

   When speaking to a young person (a friend, your correspondent, etc.) use:
   du/dich/dir; dein(e)

   When addressing an adult (stranger, teacher, parent of correspondent) use:
   Sie/Sie/Ihnen; Ihr(e)

   Occasionally you may be talking to a young person about him/her *and* his/her friends/family. In this case you will need to use:
   ihr/euch/euch; euer(e)

   When referring to more than one adult the **Sie** form should be used.

3. Remember to address 'strangers' and take leave of them correctly:
   Guten Tag/Morgen/Abend . . .
   Grüß Gott . . .
   . . . mein Herr/gnädige Frau/gnädiges Fräulein.

Könnten Sie mir bitte | helfen?
| eine Auskunft geben?
Entschuldigen Sie, daß ich Sie störe . . .
Darf ich Sie einen Augenblick stören?
Seien Sie bitte so gut/freundlich . . . zu + *infinitive*.
Vielen Dank/Danke schön/Danke sehr.
Das war sehr nett/freundlich von Ihnen.
Vielen Dank für | Ihre Hilfe.
| die Auskunft.
Auf Wiedersehen.

When dealing with 'friends', you can be much less
formal:

Grüß dich . . .
Sag mal . . .
Tschüs(chen).

Give the alternative formal (**Sie**) or informal (**du**) form
in the following sentences by changing the parts in
italics. Then say what each sentence means:

1 Wo *waren Sie* die ganze Zeit?
2 Wohin *willst du* jetzt (gehen)?
3 *Kommen Sie* bitte mit!
4 *Könn(t)en Sie* mir bitte helfen?
5 Ich verstehe *dich* nicht gut, wenn *du* so schnell
sprichst.
6 Soll ich *Ihre* Sachen auf *Ihr* Zimmer bringen?
7 Rufe ich *Sie* an oder *rufen Sie* mich an?
8 *Zeig* mir, was *du* gekauft *hast.*
9 *Möchtest du*, daß ich *dich* vom Bahnhof abhole?
10 Dann *sollst du* auf den Knopf drücken, *siehst du*?

Your approach

When you approach the other 'character' you will be
doing one of the following:

a Making a statement (in any of several tenses and
possibly in the negative)
b Asking a question
c Giving an order

a Making a statement

The following structures are well worth learning:
Ich (*verb*) gern/lieber/am liebsten.
Ich mag | (gern/sehr/nicht) + *infinitive*.
| (gern/sehr/nicht/keinen, *etc.*) + *noun*.
. . . . . . gefällt/gefallen mir (gut/nicht).
. . . . . . schmeckt/schmecken mir (nicht).
Ich kann (*noun*) nicht leiden/vertragen.
Ich will | (keinen/keine/kein + *noun*) + *infinitive*.
| (nicht) + *infinitive*.
Ich möchte (gern/lieber/am liebsten) + *infinitive*.
Ich ziehe | + *noun* vor.
| (es) vor, ... zu + *infinitive*.
Ich werde (vielleicht) + *infinitive*.
Ich hoffe . . . . . . zu + *infinitive*.
Hoffentlich + *verb*.
Leider/Glücklicherweise + *verb*.
Ich muß + *infinitive*.
Ich darf | (keinen/keine/kein + *noun*) + *infinitive*.
| (nicht) + *infinitive*.
Ich habe (große/keine) Lust . . . . . . zu + *infinitive*.
Ich habe vergessen, ... zu + *infinitive*.
Ich habe | (*noun*) vor.
| es vor, ... zu + *infinitive*.
Ich hatte geplant, ... zu + *infinitive*.
Ich | habe die/keine Absicht | . . . . . . zu + *infinitive*.
| denke (nicht) |
Ich finde (*noun*) kompliziert/langweilig/interessant.
Ich brauche | + *noun*.
| , ... zu + *infinitive*.
Ich | weiß nicht (genau), | wie, wo, warum, . . . *etc.*
| habe keine Ahnung, |
Ich | habe | (gerade/schon/noch nicht) + *past*
| bin | *participle*.
Ich möchte gern(e) wissen, wie, wo, warum, *etc.*
Es tut mir leid, daß . . .

Ich | habe den Eindruck, | . . .
    | glaube (nicht), |

Ich soll(te) + *infinitive*.

Ich wünschte, | ich könnte/hätte/wäre . . . , *etc.*
            | es würde . . . , *etc.*

Ich hätte . . . (nicht) + *infinitive* | müssen
                                | können
                                | sollen

Ich hatte (bisher) keine Gelegenheit, um . . . . . . zu + *infinitive*.

Ich freue mich | auf + *accusative*.
            | darauf, | . . . . . . zu + *infinitive*.
                     | *infinitive* zu können.

X Try the following exercise which will give you the opportunity of using some of these structures:

Tell | the person . . .
Inform |
Explain to |

1 . . . you don't fancy going out this evening.
2 . . . you'd prefer to stay in and rest.
3 . . . you need to change some English money.
4 . . . you like watching television.
5 . . . you haven't yet booked seats.
6 . . . you would like to visit the castle.
7 . . . you don't like liver/cheese/eggs/milk. *Leber*
8 . . . you can't stand museums.
9 . . . you are hoping to see a German film during your stay.
10 . . . you think you are going to miss your train.
11 . . . you will phone back later.
12 . . . you want to get some postcards. *Ansichtskarte* *(wollen)*
13 . . . you haven't been into town yet.
14 . . . you're sorry your stay is nearly over.
15 . . . you don't know where Herr Braun is at the moment.
16 . . . you have forgotten to post a letter to your parents.

b Asking a question

The following structures are well worth learning:

Haben Sie bitte + *noun*?
Hätten Sie vielleicht + *noun*?
Muß ich (unbedingt) + *infinitive*?

Ist es (wirklich) nötig, | daß ich . . . | ?
                   | . . . . . . zu + *infinitive* |

Kann/Könnte ich + *infinitive*?
Können/Könnten Sie (bitte/vielleicht) + *infinitive*?
Sagen Sie mir, bitte. Wo/Wie/Warum . . . ?

Wo | ist/sind . . . . . . | ?
   | befindet/befinden sich . . . . . . |

Darf ich/Darf man . . . + *infinitive*?

Wie/Wo/Wann | kann ich . . . | + *infinitive*?
              | kann man . . . |

Wie komme ich am besten zum/zur/zum + *noun*?
Gibt es (hier in der Nähe) einen/eine/ein + *noun*?
Wo ist der/die/das nächste + *noun*?

Brauche ich | + *noun* | ?
            | . . . . . . zu + *infinitive* |

Wen soll/muß ich | nach + *dative* fragen | ?
               | um + *accusative* bitten |

Könn(t)en Sie mir (*noun*) empfehlen?

X Try the following exercise which will give you practice in using some of the above structures:

Ask someone . . .
Enquire . . .

1 . . . how to get to the post office.
2 . . . whether there is a bank nearby.
3 . . . whether you may watch the television.
4 . . . when the banks close.
5 . . . at what time you (i.e. you and the German family) will be setting off and whether you have time to get changed.
6 . . . whether they have brochures with details of monuments and places of interest in the town.

7   ... whether they can recommend a good but reasonably priced restaurant.

8   ... where you must go in order to book tickets.

9   ... whether they have anything cheaper.

10   ... whether you need to take your passport.

11   ... whom you should ask about train times.

12   ... whether you are allowed to park here.

13   ... where the nearest bus stop is.

14   ... whether you will have to wait long.

15   ... whether it is absolutely necessary to pay in advance and whether they will take a cheque.

c Giving orders

The most obvious (though not always the most appropriate!) way of getting people to do things is the imperative:

Warte (mal) hier auf mich!
Wartet (mal) ruhig!
Warten Sie einen Augenblick, bitte!

The following are also well worth considering:

Könn(t)en Sie | bitte + *infinitive*?
Würden Sie |

Ich hätte gern(e) + *noun*.

The following verbs occur very frequently in the context of giving orders:

Bringen Sie mir, | bitte + *noun* (zurück).
Geben Sie mir, |
Holen sie (mir), |

Reservieren Sie (mir), bitte + *noun*.

The following will be useful for expressing 'Let's ...':

Gehen wir (mal)!

Wir | wollen | gehen!
    | soll(t)en |

Laß | uns gehen!
Laßt |
Lassen Sie |

Sometimes an order is more discretely expressed as a statement:

Tell someone to fetch the manager.
Ich möchte (bitte/lieber) den Chef **sprechen**.

A very useful word associated with orders is **sonst** (otherwise, or else):

Bleib mal sitzen, **sonst** verlierst du deinen Platz!

X Try the following examples:

Tell someone ...

1   ... to give you a second class single to Stuttgart.

2   ... to reserve two seats for the 8 p.m. performance on Wednesday 3 August.

3   ... to fetch a doctor at once.

4   ... to change £30 into DM.

5   ... to give you a receipt.

6   ... to bring another bottle of wine and the menu.

7   ... to bring the bill and your coats.

8   ... to get a move on or you'll be late.

9   ... to explain a form to you.

10   ... to follow you.

11   ... to take his/her coat off and sit down.

12   ... to drive you to the airport.

The follow-up

In this part of the 'conversation' you will not have had the benefit of preparing your statement/answers, etc. You will have to react spontaneously to new elements introduced by the examiner. Your follow-up will probably fall into one of the following categories:

a   Giving an emotional reaction
b   Providing further information
c   Asking for further information
d   Making a suggestion or a choice
e   Repeating information or checking (change, etc.).

a Giving an emotional reaction

Agreement, acceptance, compliance

Natürlich! Freilich! Gern(e)!
Bestimmt! Gewiß! Einverstanden!
Ja, das ist/geht in Ordnung.
Ja, das paßt mir gut.
Das stimmt.

Das finde ich recht freundlich von Ihnen.
Das wäre nett/freundlich von Ihnen.
Das ist eine gute/ausgezeichnete Idee.
Das ist vielleicht die beste Lösung.
Ich wäre Ihnen sehr dankbar.
Das mache ich also.

Ich werde | Ihrem Rat folgen.
          | Ihren Vorschlag annehmen.

Pleasure, relief, satisfaction, enthusiasm

Schön! Prima! Klasse! Sagenhaft!
Gott sei Dank!
Da habe ich Glück gehabt!
Das ist/war ein Glück!

Disagreement/challenging

Da stimme ich nicht zu!
Ich bin nicht damit einverstanden.
Ich bin (völlig) dagegen.
Das geht nicht! Das paßt mir (gar) nicht!
Hier/Da stimmt etwas nicht.
Da irren Sie sich!
Sie haben sich (in der Rechnung, *etc.*) geirrt.
Leider . . .

Annoyance/displeasure/indignation/disgust

Ach, | das ist | ärgerlich (!)
     | wie |

Das ist (einfach) unerhört/unverschämt!

Das ist | eine Unverschämtheit!
Was für | eine (unerhörte) Frechheit!

Das ist aber doch die Höhe!

Regret, worry, despair

Das tut mir aber leid.
Wie schade!
Das wußte ich aber nicht.

Was | schlagen Sie (mir) vor | , also?
    | raten Sie (mir) |
    | empfehlen Sie (mir) |

Was soll ich denn tun/machen?

Surprise, querying

Was! Wie! Wieso (denn)?
Wirklich! Ehrlich!
Ist das (Ihr) Ernst?
Sind Sie (dessen/sich) sicher?

Das ist | aber | teuer.
        | ein bißchen | früh.
        | zu | spät.
        | etwas | kompliziert.
        | sehr |

Thanks, gratitude

Danke schön/sehr | für | die Hilfe.
Vielen Dank | | die Ratschläge.
Ich bin (Ihnen) sehr dankbar | | die Auskunft.

When you are thanked

Bitte schön/sehr.
Nichts zu danken.

X Practise the use of the above by choosing suitable reactions to the following developments. You need not stick to the lists above; if you can think of any other phrases, use them. You should then add any other comments you think relevant to the situation, e.g.:

Situation
Your car has been repaired and you were told it would cost about 250 DM.

Comment
,,Ja, wir sind damit fertig. Die Reparaturen kosten aber DM 500!"

Your reaction
,,Was?/Wie?/Wirklich?/Das ist aber sehr teuer!"

Your further comments
,,Warum/Wieso ist das so teuer?"
,,Was mußten Sie denn machen/reparieren?"
,,Was war damit/mit dem Auto los?"
,,Man hat die Kosten auf (rund) DM 250 geschätzt."

Situation	Comment
1 You wish to book an excursion to Würzburg for the coming Thursday.	„Leider ist dieser Ausflug ausgebucht. Aber es gibt noch Plätze für den Ausflug am Freitag nach Bamberg."
2 You have lost your wallet/purse and are making enquiries at the lost property office.	„Nein, so etwas ist nicht abgegeben worden. Kommen Sie aber morgen wieder oder rufen Sie einfach an!"
3 You thought you were going to miss your train.	„Ihr Zug hat Verspätung. Er kommt erst in fünf Minuten an."
4 Your correspondent was not at the bus station to meet you. You are talking to a fellow passenger.	„Ich kenne die Straße, wo er wohnt. Ich könnte Sie dorthin fahren, wenn Sie wollen."
5 You arrive at the airport to fly home.	„Es gehen keine Maschinen mehr. Die Bediensteten streiken seit heute vormittag."
6 You are confirming reservations for yourself and nine other students.	„Abteil 1 ist für Sie reserviert – das heißt Plätze eins bis acht."
7 You wish to speak to a certain person.	„Ich weiß nicht genau, wo er ist. Soll ich ihn suchen lassen?"
8 A team member has not turned up for a game.	„Wollen Sie vielleicht an seiner/ihrer Stelle spielen?"
9 You want to buy a present for your parents. You find you're short of money.	„Ich leihe dir das Geld. Du kannst es mir später zurückzahlen."
10 You were going to a party the following Saturday evening.	„Hast du nicht gehört? Willy ist krank. Es ist aus mit der Party!"

b Giving further information

X Supply the information asked for. There are many possible responses and you should pursue several for each example given:

Situation	Examiner's follow-up question
1 You have lost your case.	„Könnten Sie mir eine genaue Beschreibung des Koffers geben?"
2 You want to hire a car.	„Was für ein Wagen darf es sein?"
3 You are waiting in Herr Günther's office.	„Sind Sie Herr Günther?"
4 You are phoning your correspondent about your arrival in Germany.	„Wie werde ich dich erkennen können?"
5 You are discussing your stay with your correspondent.	„Was möchtest du besonders gerne tun?"
6 You are arranging for your car to be repaired.	„Bleiben Sie noch lange in Deutschland?"
7 You are discussing your outward journey.	„Wann seid ihr also abgefahren?"
8 You are arranging a dental appointment.	„Wann haben Sie Zeit?"
9 You are going through customs.	„Was enthalten diese drei Pakete?"
10 You are explaining that your mother is ill.	„Was ist mit ihr los?"
11 You are discussing buying presents in England.	„Was kosten Kassetten und Taschenbücher bei euch?"

c Asking for further information

✗

Situation	You ask . . .
1 You have missed your train.	. . . whether there is another one this evening, whether it is an express, and when it arrives in Munich.
2 You have missed your flight.	. . . whether you can get a seat on another flight and what time the plane lands at Heathrow.
3 You have bought a souvenir.	. . . whether the assistant will wrap it up for you and if you can have a receipt.
4 You are in an office block.	. . . what floor Fräulein Schwarz's office is on and whether she is there today.
5 The hotel is full.	. . . whether they can recommend another reasonably priced hotel not too far away.
6 You haven't enough money on you to pay for tickets.	. . . whether they will hold the tickets until you have been to the bank.
7 You are being given directions.	. . . whether they can show you on the map you have with you.
8 You are shown a whole range of cameras.	. . .which one they particularly recommend.
9 A letter you were expecting has not arrived.	. . . whether they will send it on to you at your home address in England.
10 You offer to pick someone up from the station.	. . . where exactly he/she will be waiting and what time you should arrive.
11 You are asking for information about a train.	. . . whether it's a through train to Vienna or whether you'll have to change.

d Making suggestions, making decisions, choosing

The following phrases are useful when you have to make a choice of some kind:

Ich nehme (lieber) + *noun*.
Geben Sie mir bitte (eher/lieber) + *noun*.
Ich hätte lieber + *noun*.

Ich möchte lieber | + *noun*.
             | (nicht) + *infinitive*.

Ich ziehe | + *noun* vor.
      | es vor, ... zu + *infinitive*.

Ich glaube, ich + *verb*.
Ich werde + *infinitive*.

✗ The following situations require you to make a choice. Deal with them using the phrases suggested:

1 Welcher Tag paßt Ihnen am besten?
2 Ist Ihnen neun Uhr zu früh?
3 Wollen Sie selbst einen Termin vorschlagen?
4 Wir haben noch Plätze im Balkon zu DM 50, und Plätze im Parkett zu DM 50 und zu DM 60. Die zu DM 60 sind zwar teuerer, aber sie sind ganz nah an der Bühne.
5 Wollen Sie auf den Chef warten? Er wird in etwa einer halben Stunde wieder da sein. Oder wollen Sie später zurückkommen?
6 Möchten Sie die Tasche aus Plastik oder die aus Leder? Die lederne Tasche ist natürlich viel teuerer, aber dauerhafter . . . und eleganter, nicht?
7 Willst du mit mir einkaufengehen, oder hast du was anderes vor?
8 Ich weiß nicht, was ich für meine Eltern kaufen soll. Kannst du was vorschlagen?
9 Es ist mir wirklich gleich, ob Sie am Vormittag oder am Nachmittag zu mir kommen.
10 Der Marktplatz ist etwa zwei Kilometer von hier entfernt. Wir könnten zu Fuß hingehen. Unterwegs ist viel Interessantes zu sehen. Oder wir könnten die U-Bahn nehmen.

e Repeating information, checking change

✘ The sort of things you may have to repeat are telephone numbers, details of reservations, names/addresses and directions/instructions. Most of these are simply a question of repetition. The last two require you to change the person of the verb. Practise this by repeating the following instructions as if they apply to yourself:

e.g. Ich _____e . . . /Dann _____e ich . . .

Ich muß + *infinitive*/Dann muß ich + *infinitive*

1 ,,Gehen Sie bis zur Ampel, dann links, dann die zweite Straße rechts.''
2 ,,Fahren Sie die nächste Straße rechts und dann auf die Autobahn. Verlassen Sie die Autobahn nach etwa drei Kilometern . . . das heißt, Sie nehmen die zweite Ausfahrt. Sie werden das Europa Motel direkt vor sich sehen.''
3 ,,Sie fahren unter der Eisenbahnbrücke durch, und dann biegen Sie nach links ab. Fahren Sie dann bis zum Rathaus. Das Verkehrsamt liegt gegenüber dem Rathaus.''
4 ,,Gehen Sie in den dritten Stock und bis ans Ende des Gangs. Frau Brauns Büro ist die letzte Tür rechts.''

Manipulating figures in a foreign language is notoriously and deceptively difficult. This makes mental calculation of money, change, etc. a difficult exercise. A good knowledge of numbers from 1–100 is essential. It is also vital to know what German money is like (i.e. the value of the coins and the notes).

The following phrases may prove useful when money and change are being discussed:

Können Sie mir einen Fünfzigmarkschein wechseln?

Geben Sie mir bitte | einen Zehnmarkschein.
zwei Zehnmarkscheine, etc.
ein Einmarkstück.
zwei Einmarkstücke.

Haben Sie es genau?
Haben Sie es (nicht) kleiner?
Das stimmt (nicht).

(Ich glaube,) Sie haben sich | bei der Rechnung | geirrt.
im Wechselgeld |

Sie schulden mir (also) . . . . . .
Was schulde ich Ihnen (also)?
Behalten Sie den Rest/ (Es) stimmt so.

✘ The following exercise will give you practice in manipulating sums of money. Say in each case how much change you expect, using the expression **Ich bekomme also . . . . . . zurück.**

	Ich schulde dir/Ihnen . . .	Ich habe dir/Ihnen . . . . . . gegeben
1	sechs Mark und fünfzig Pfennig	zwei Fünfmarkstücke
2	achtzehn Mark und fünfzig Pfennig	zwei Zehnmarkscheine*
3	einundfünfzig Mark	zwei Fünfzigmarkscheine
4	siebzig Mark und zwanzig Pfennig	einen Fünfzigmarkschein und drei Zehnmarkscheine
5	hundertfünfundzwanzig Mark	zwei Hundertmarkscheine
6	zweiundachtzig Mark und fünfundzwanzig Pfennig	vier Zwanzigmarkscheine und einen Zehnmarkschein
7	elf Mark und zwanzig Pfennig	einen Hundertmarkschein
8	sechsundzwanzig Mark und achtzig Pfennig	einen Zwanzigmarkschein und einen Zehnmarkschein
9	dreizehn Mark und fünfundsechzig Pfennig	einen Fünfzigmarkschein
10	zweihundert und neun Mark	zwei Hundertmarkscheine und einen Fünfzigmarkschein

*Der Zehnmarkschein/Zwanzigmarkschein, etc. are colloquially referred to as **der Zehner/Zwanziger** (–), etc.

Section B

In this section you will be given a number of basic situations with an initial instruction. You will then be given a variety of developments arising from each situation. Of course, in the examination you would only be required to deal with one of the alternatives and its consequences, but for the purposes of this exercise you should attempt them all.

The way in which instructions are presented to candidates varies from Board to Board and their presentation here does not attempt to imitate this. However, this exercise will give you practice in the necessary skills.

For the first four items, suggestions are given for your answers; you need not limit yourself to these, if you can think of any others.

1.
> You are on a train travelling to Germany. Tell a fellow passenger that you are going to spend a fortnight in the Cologne area.

Now deal with the following developments:

,,Sind Sie zum erstenmal in Deutschland?"
(No, this is the second/third/fourth time./Yes, you've never been there before and you're very excited/looking forward to your stay.)

,,Wo kommen Sie her?"
(Say where you live; if a small place, give name of nearest big town; say which part of England, etc.)

,,Wann sind Sie von zu Hause abgefahren?"
(Very early yesterday/yesterday afternoon/late yesterday evening/at 6 a.m. this morning.)

,,Holt Sie jemand vom Bahnhof ab?"
(Yes, your correspondent/correspondent's mother/father/parents will be there/You hope so/You aren't really sure/No, you're going to find your own way there; you have a map and are going there on foot/you are going to get a taxi/you are going there by bus.)

,,Wer ist Ihr(e) Austauschpartner(in)?"
(Give his/her name/Say he/she is the son/daughter of a policeman/dentist/shopkeeper, etc./Say where he/she lives/Say how long you have had him/her as a pen-friend.)

,,Was hoffen Sie in Deutschland zu tun?"
(You hope to be able to try some typically German food/You hope to see/visit several German towns/some castles/You hope to meet/get to know lots of young Germans/go to some parties/You hope to go on a boat trip on the Rhine.)

2.
> You have just arrived at your correspondent's home. Tell them that you are pleased to meet them at last.

Now deal with the following developments:

,,Wie war die Fahrt?"
(It was very boring/long and tiring/extremely interesting/partly interesting, partly dull, i.e. train dull but Channel crossing interesting/stormy in Channel? calm?/You met some interesting people on the journey.)

,,Willst du jetzt essen?"
(Yes, you're starving!/Not straight away, if that's all right by them/You ate on the train, so you'd prefer to eat later in the evening, but you'd love a drink.)

,,Es ist noch früh. Möchtest du vielleicht später am Abend ausgehen?"
(Yes, that's a good idea; ask where you'll be going/No, you're tired and would rather rest/go to bed early/sit and chat/watch a bit of television.)

,,Morgen ist Schule und Karl muß natürlich hin. Möchtest du mitgehen?"
(You'd prefer to sleep late as you'll probably still be tired; you'd like to write a letter to your parents and a few postcards to relatives/Can you go with him the day after tomorrow?/Yes, you're looking forward to it; what time will you need to get up? Will she wake you or do you need to set your alarm?)

,,Wir haben keine festen Pläne für deinen Aufenthalt. Hast du besondere Wünsche?"
(You haven't really thought about it; could you think it over and tell them tomorrow?/You'd like the opportunity to go to some department stores/see a German film/go to a museum/visit a castle/go to a zoo/ go swimming/fishing/walking/cycling/dancing/go to a youth club/meet some young German people/speak a lot of German; ask them to correct you whenever you make a mistake.)

You go to a doctor while you are in Germany.
Explain to him that you are feeling unwell.

Now deal with the following developments:

,,Erklären Sie, bitte, ein bißchen genauer, was Ihnen fehlt!"
(You have a temperature/sore throat/have had diarrhoea/constipation/have been feeling dizzy/ shivering/your vision is blurred/you have been sick; when? in the night? after meals?)

,,Haben Sie Schmerzen?"
(Yes, a headache/pain in stomach/ear ache/eyes hurt/ ache all over.)

,,Seit wann haben Sie diese Symptome?"
(Two or three days, but it has been getting worse/since yesterday/since yesterday evening/only since this morning.)

,,Haben Sie etwas Außergewöhnliches gegessen oder getrunken?"
(No, nothing out of the ordinary/Yes, all of the food is strange to you, as you are English/Yes, you picked and later ate some mushrooms yesterday evening.)

,,Haben Sie schon etwas dagegen eingenommen?"
(No, nothing at all/Yes, some English tablets you brought with you, i.e. Phensic, Anadin, etc.; explain that they are a kind of aspirin/Just cold/warm drinks/ Correspondent's mother gave you some medicine, but you don't know what it was and it hasn't helped.)

,,Ich verschreibe Ihnen eine Medizin. Wissen Sie, wo die Apotheke ist?"
(Yes, you saw a chemist's on the way there/Yes, there is a chemist's near where you are staying/No, you don't know and could he tell you?/How often must you take the medicine and for how long?)

,,Sind Sie in einer Krankenversicherung?"
(No, you aren't, you will be paying/your correspondent's parents have offered to pay/Yes, an English one; you will pay and if he'll give you a receipt, you'll get your money back when you return/Show him your E111 certificate and explain that you are thereby insured with the Allgemeine Ortskrankenkasse.)

4.

You are having trouble with your car and you call in at a garage. Ask whether there is a mechanic free to look at it.

Now deal with the following developments:

,,Im Moment bin ich alleine da. Ich bin Tankwart und kein Mechaniker!"
(Where are the mechanics?/When are they likely to be back?/Does he think they will be able to help, i.e. is it worth waiting?/Is there another garage nearby?)

,,Das ist nichts Schlimmes. Das kann in ein paar Minuten repariert werden."
(Express your relief/Say you have another 300 kilometres to go/Ask what exactly is wrong with the car and what must be done.)

,,Sie brauchen eine neue Wasserpumpe. Für solch einen Wagen haben wir leider keine."
(Can they fetch one for you?/Can they order one by phone, and if so, when could it be delivered?/Could they fit it, and when?/How much is the part likely to cost?/ and the labour?)

,,In der Stadtmitte ist eine größere Reparaturwerkstätte, wo man ausländische Autos repariert. Dort kann man Ihnen vielleicht helfen."
(You don't know the town at all; could he explain where

the garage is/draw you a map?/Could he perhaps phone
to see whether they can help you; you'll pay for the call,
of course/Or perhaps you could use his phone?/Does he
know the garage's telephone number?/Would he help
you look it up?/Will the car get you that far?/Will it need
to be towed?)

,,Das könnten wir wohl reparieren, aber erst in zwei bis
drei Tagen!"
(You can't wait that long/Can he recommend another
garage?/Can you hire a car anywhere in the
neighbourhood?)

,,Brauchen Sie Benzin?"
(No, you have an almost full tank/Yes, fill it up/put in
20/25/30 litres/50/100 Marks' worth of high/low grade.)

,,Soll ich den Ölstand/Wasserstand/Reifendruck
prüfen?"
(No, it's not necessary; you did it earlier today/Tyres will
be all right, but you'd like him to check the oil and
water; or vice versa.)

5.
> When you get on the train, you find you have left a
> cassette player on the boat. When you arrive at
> your correspondent's home you ring up the port
> and explain this.

,,Ich brauche eine genaue Beschreibung des
Kassettengeräts."

,,Mit welcher Linie sind Sie gekommen, das heißt, von
welchem englischen Hafen . . . Name des Schiffs . . .
Abfahrts- und Ankunftszeit des Schiffs . . .?"

,,Nein, bisher hat man es nicht bei uns aufgegeben."

,,Könnten Sie uns morgen wieder anrufen? Oder wir
könnten bei Ihnen telefonieren, wenn es auftaucht. Ich
brauchte aber natürlich Ihre Telephonnummer dazu."

,,Ja, es ist gerade aufgegeben worden."

,,Ich bin erst vor ein paar Minuten angekommen. Ich
muß mal nachsehen. Das kann fünf bis zehn Minuten
dauern."

,,Fahren Sie überhaupt nach England zurück? Ich meine
. . . fahren Sie in den nächsten paar Wochen über
Hamburg? Oder haben Sie vielleicht jemanden, der es
an Ihrer Stelle holen könnte?"

,,Wir könnten es Ihnen mit der Bahn nachschicken. Sie
müßten aber DM 40 Porto bezahlen."

6.
> You have a booking for your car and a cabin
> reservation for yourself and your family for the
> 20.00 ferry. You are held up in traffic jams and
> arrive at 20.30 at the port. Explain this to an official
> on your arrival.

,,Die Fähre hat Verspätung und ist noch nicht
angekommen!"

,,Es fährt eine Autofähre um 23.00. Ich glaube aber, sie
ist völlig ausgebucht."

,,Sie bekommen bestimmt einen Platz fürs Auto auf der
nächsten Fähre. Aber was Liegeplätze, Kabinen und so
weiter betrifft, damit habe ich leider nichts zu tun."

,,Das war leider die letzte Fähre heute. Die nächste fährt
erst morgen früh ab."

,,Sie haben Ihre Fähre verpaßt; Ihre Reservierungen
gelten also nicht mehr."

,,Sie müssen sich einfach anstellen, und warten bis Sie
einen freien Platz bekommen."

7.
> You have reserved seats in the train; your family
> has been allocated seats 5–8 in carriage 12. You
> find that the seats have been taken by another
> family. Explain about the reservations to them.

,,Unsere Plätze im anderen Wagen sind besetzt. Wir
nehmen also diese!"

,,Wir wußten nicht, daß die Plätze reserviert sind.
Leider schlafen die beiden Kinder und ich will sie nicht
wecken."

,,Bevor wir weggehen, will ich den Beweis haben, daß
dies Ihre Plätze sind!"

,,Es ist mir egal, ob die Plätze reserviert sind oder nicht. Wir sitzen seit Wien da und geben sie auf keinen Fall auf.‘‘

,,Sie irren sich! Die Plätze gehören uns. Schauen Sie auf diesen Zettel . . . Hier steht ganz deutlich: Plätze 5–8, Wagen Nr 13.‘‘

,,Es tut mir leid. Ich habe mich in den Platznummern geirrt. Wir verlassen das Abteil sofort. Entschuldigen Sie!‘‘

,,Reserviert . . . nicht reserviert . . . Was soll das denn? Es gibt überall im Zug freie Plätze. Lassen Sie uns in Ruhe!‘‘

> **9.** You have just arrived by train in a town you do not know. You wish to get to your correspondent's home, Winkelstraße 52. Ask someone to direct you.

,,Ich bin selbst fremd hier und habe wirklich keine Ahnung.‘‘

,,Das ist, glaube ich, irgendwo in der Altstadt. Ich kenne das Viertel nicht gut.‘‘

,,Ich kann Ihnen leider nicht helfen. Warum fragen Sie nicht im Verkehrsamt nach Auskunft?‘‘

,,Die Straße ist in der Nähe vom Rathaus. Das ist aber sehr weit von hier entfernt.‘‘

,,Fahren Sie etwa zwei Kilometer in Richtung nach Wiehl . . .‘‘

,,Auf dem Heimweg gehe ich die Winkelstraße entlang. Kommen Sie, ich zeige Ihnen, wo das ist.‘‘

> You arrive by car at a campsite rather late in the evening. You have a tent and are two adults and three children. You are hoping to stay in the area for six nights. Ask whether they have any room.

,,Für heute Nacht ist leider kein Platz mehr frei. Ab morgen können wir Sie annehmen.‘‘

,,Sie können drei Nächte hier bleiben aber am Samstag kommen eine Menge Leute, die im voraus gebucht haben. In der nächsten Woche sind alle Plätze besetzt.‘‘

,,Es tut mir leid. Wir haben nichts frei. In der Gegend sind aber viele Campingplätze.‘‘

,,Wieviele Erwachsene sind Sie? . . . Und wieviele Kinder? . . . In welchem Alter? . . . Zelt oder Wohnwagen? . . . Mit wievielen Autos?‘‘

,,Wir haben keine richtigen Plätze mehr frei. Da es so spät ist, können Sir Ihr Zelt hinter dem Waschraum aufschlagen . . . nur für eine Nacht, verstehen Sie.‘‘

,,Wir haben nur wenig Platz übrig . . . und zwar auf der anderen Wiese, wo der Boden ziemlich uneben ist. Macht Ihnen das was aus?‘‘

> **10.** You have had a bag snatched by a young man in a shopping precinct. Describe what sort of a bag it is to a policeman.

,,Was enthielt die Tasche eigentlich?‘‘

,,Wann ist Ihnen das passiert?‘‘

,,Wo standen Sie, als die Tasche gestohlen wurde?‘‘

,,Haben Sie den jungen Mann gut gesehen?‘‘

,,Beschreiben Sie ihn bitte möglichst genau.‘‘

,,Schätzen Sie, wie alt er war!‘‘

,,Waren auch andere Leute mit dabei, die ihn vielleicht wiedererkennen würden?‘‘

,,Auf welchen Wert schätzen Sie den Inhalt der Tasche?‘‘

> **11.** You go to a restaurant with two German people one evening. Ask whether they have a table for three.
> Ask for the menu.
> Ask for Set Meal 1.

,,Es tut mir leid. Diese Menüs werden nur zu Mittag serviert. Abends wird à la carte bestellt.‘‘

Look carefully at the menu:

Restaurant zum grünen Igel

Gedeck 1	Gedeck 2
DM 10.50	DM 14.50
Tagessuppe	Tagessuppe
Bratwurst	Schweinekotelett
Röstkartoffeln	Bratkartoffeln
Sauerkraut	Salat

****

A la carte

Vorspeisen

Aufschnitt (verschiedene Wurstsorten)	DM 6·50
Rollmops	DM 3·50
Garnelen mit Butter	DM 7·50

Suppen

Zwiebelsuppe	DM 3.00
Ochsenschwanzsuppe	DM 2·50
Hühnerbrühe	DM 2·00
Tomatensuppe	DM 2·00

Hauptgerichte – Fleisch – Geflügel – Fisch

Zigeunerschnitzel mit Pommes-Frites	DM 11·50
Wiener Schnitzel mit Kartoffelsalat	DM 11·50
Beefsteak mit grünen Bohnen	DM 9·50
Forelle mit Mandeln*	DM 23·50
Geräucherte Forelle mit grünem Salat*	DM 21·00
Gulasch mit Reis	DM 10·00

Beilagen

Pommes-Frites	DM 1·50
Röstkartoffeln	DM 1·50
Butterkartoffeln	DM 2·00

Salate

Grüner Salat	DM 2·50
Gemischter Salat	DM 2·50
Bohnensalat	DM 2·00

Nachspeisen

Kompotte	DM 3·00
Torten und Kuchen	DM 1·80–DM 3·50
Eis	DM 3·00

*Hausspezialitäten – besonders empfohlen.
Bedienung nicht eingeschlossen.

Order an à la carte meal for yourself and your two friends, taking into consideration the following:

Friend 1
— Likes sausage, but is not keen on fatty foods or Leberwurst. Ask the waiter about this. (,,Sie brauchen keine Leberwurst zu essen aber alle unsere Wurstsorten sind ziemlich fett. Wie wäre es mit etwas Schinken?") Thank him and say that would be fine.
— Could he have the beefsteak with chips?
— What sorts of preserves have they got? (,,Apfel-, Kirschen- und Erdbeerkompott.") He'd like cherry.

Friend 2
— Likes any kind of soup – has never tried onion soup.
— Doesn't like anything fishy. Any other meat dish, but preferably something typically German.
— Would like an extra vegetable.
— What flavours of ice cream have they got? (,,Vanille, Schokolade, Erdbeer, Mokka.") Chooses coffee.

Yourself
— You'd like to know what Rollmops are! (,,Das sind gepökelte Heringe.") Perhaps you'll have prawns!
— You'd like to try something special for the main course. You pick one of the speciality dishes.
— What would he recommend in the way of vegetables to go with it? (,,Einen der Salate vielleicht?") Agree and choose one of them.
— What sorts of cakes and flans have they got? Have they any Black Forest gateau? (,,Es tut mir leid. Wir haben nur Obsttorte.") You'll have a strawberry ice cream.

,,Und zum Trinken, meine Herrschaften?"
— *Friend 1* would like a beer; something light.
— *Friend 2* does not drink alcohol, therefore a fruit juice perhaps? (,,Wir haben Apfelsaft, Orangensaft, Tomatensaft . . .") Chooses orange.
— *You* would like half a carafe of white wine.

Offer to pay.
Tell the waiter to keep the change.
Say you enjoyed the meal very much.

Irregular verbs

The following list includes all the irregular verbs which occur in the dialogues, exercises, etc. Meanings and other relevant details are given in the end vocabulary and an asterisk refers the student to this list. Where not specifically given, compound verbs should be deduced from the simple form, e.g. **besitzen** from **sitzen**; **verbringen** from **bringen**; **verstehen** from **stehen**, etc.

Infinitive	Irreg. present	Imperfect	Perfect
abbiegen		bog . . . ab	ist abgebogen
ausreißen		riß . . . aus	ist ausgerissen
befehlen	befiehlt	befahl	hat befohlen
beginnen		begann	hat begonnen
bekommen		bekam	hat bekommen
bieten		bot	hat geboten
bitten		bat	hat gebeten
bleiben		blieb	ist geblieben
braten	brät	briet	hat gebraten
brechen	bricht	brach	hat gebrochen
brennen		brannte	hat gebrannt
bringen		brachte	hat gebracht
denken		dachte	hat gedacht
dürfen	darf / darfst / darf	durfte	hat gedurft / dürfen*
empfehlen	empfiehlt	empfahl	hat empfohlen
erfahren	erfährt	erfuhr	hat erfahren
erwerben	erwirbt	erwarb	hat erworben
essen	ißt	aß	hat gegessen
fahren	fährt	fuhr	ist gefahren
fallen	fällt	fiel	ist gefallen
fangen	fängt	fing	hat gefangen
finden		fand	hat gefunden
fliegen		flog	ist geflogen

* The past participle of auxiliary verbs of mood (**dürfen, mögen, müssen, wollen**, etc.) is replaced by its infinitive when immediately preceded by an infinitive. This is also true of **lassen**.
  e.g. Er hat es gedurft.
  but: Er hat nicht **mitgehen dürfen**.

Infinitive	Irreg. present	Imperfect	Perfect
frieren		fror	hat gefroren
geben	gibt	gab	hat gegeben
gefallen	gefällt	gefiel	hat gefallen
gehen		ging	ist gegangen
gelingen		gelang	ist gelungen
gelten	gilt	galt	hat gegolten
geraten	gerät	geriet	ist geraten
geschehen	geschieht	geschah	ist geschehen
gewinnen		gewann	hat gewonnen
graben	gräbt	grub	hat gegraben
greifen		griff	hat gegriffen
haben	habe / hast / hat	hatte	hat gehabt
halten	hält	hielt	hat gehalten
heben		hob	hat gehoben
heißen		hieß	hat geheißen
helfen	hilft	half	hat geholfen
kennen		kannte	hat gekannt
kommen		kam	ist gekommen
können	kann / kannst / kann	konnte	hat gekonnt / können
laden	lädt	lud	hat geladen
lassen	läßt	ließ	hat gelassen / lassen*
laufen	läuft	lief	ist gelaufen
leiden		litt	hat gelitten
leihen		lieh	hat geliehen
lesen	liest	las	hat gelesen

Infinitive	Irreg. present	Imperfect	Perfect
liegen		lag	hat gelegen
mögen	mag magst mag	mochte	hat gemocht mögen*
müssen	muß mußt muß	mußte	hat gemußt müssen*
nehmen	nimmt	nahm	hat genommen
nennen		nannte	hat genannt
raten	rät	riet	hat geraten
reiben		rieb	hat gerieben
reiten		ritt	ist geritten
rennen		rannte	ist gerannt
rufen		rief	hat gerufen
saugen	säugt	sog	hat gesogen
scheiden		schied	hat geschieden
scheinen		schien	hat geschienen
schlafen	schläft	schlief	hat geschlafen
schlagen	schlägt	schlug	hat geschlagen
schließen		schloß	hat geschlossen
schmelzen	schmilzt	schmolz	hat geschmolzen
schneiden		schnitt	hat geschnitten
schreiben		schrieb	hat geschrieben
schwimmen		schwamm	ist geschwommen
sehen	sieht	sah	hat gesehen
sein	bin bist ist	war	ist gewesen
singen		sang	hat gesungen
sitzen		saß	hat gesessen
sollen	soll sollst soll	sollte	hat gesollt sollen*

Infinitive	Irreg. present	Imperfect	Perfect
sprechen	spricht	sprach	hat gesprochen
springen		sprang	ist gesprungen
steigen		stieg	ist gestiegen
stehen		stand	hat gestanden
stehlen	stiehlt	stahl	hat gestohlen
stoßen	stößt	stieß	hat gestoßen
streichen		strich	hat gestrichen
streiten		stritt	hat gestritten
tragen	trägt	trug	hat getragen
treffen	trifft	traf	hat getroffen
treiben		trieb	hat getrieben
treten	tritt	trat	ist getreten
trinken		trank	hat getrunken
tun	tue tust tut	tat	hat getan
vergessen	vergißt	vergaß	hat vergessen
verlieren		verlor	hat verloren
waschen	wäscht	wusch	hat gewaschen
weisen		wies	hat gewiesen
werden	werde wirst wird	wurde	ist geworden
werfen	wirft	warf	hat geworfen
wissen	weiß weißt weiß	wußte	hat gewußt
wollen	will willst will	wollte	hat gewollt wollen*
ziehen		zog	hat gezogen

German – English vocabulary

This vocabulary contains all but the most common words which appear in the book. Where a word has several meanings, only those which occur in the book are given.

Verbs marked * are irregular and can be found in the verb lists on pp. 109–10. Verbs marked † are conjugated with **sein** in the perfect tense. F indicates a familiar or slang word or expression. Plurals are only given where they might be useful.

If you cannot find a compound noun under its initial letter, try looking up the last part(s) of the word, e.g. Schul**hof** → **Hof**; Motor**rad** → **Rad**.

If you cannot find a word beginning with or containing **ge-**, it is probably a past participle and must be looked up under its infinitive:
e.g. **ge**schenkt → **schenken**; um**ge**rechnet → **umrechnen**.

ab und zu, now and again
abbiegen*†, to turn off
abbrechen*, to break off, discontinue
das **Abenteuer** (-), adventure
abfahren*†, to set off, depart, leave
der **Abfallkorb** (Ꞌe), litter basket
abgeben*, to hand in
abhacken, to chop off, down
der **Abhang** (Ꞌe), slope
abhängen* **(von)**, to depend (on)
abheben*, to withdraw (money)
abholen, to pick up, go to meet
ablaufen*†, to go, pass off
ablegen, to take (exam)
ablehnen, to turn down, refuse
abnehmen*, to remove, take off
das **Abonnement** (-s), subscription
der **Absatz** (Ꞌe), heel
absaugen*, to hoover, vacuum
der **Abschleppwagen** (-), break-down lorry
die **Absicht** (-en), intention, aim
abspülen, to wash up
der **Absturz**, (plane) crash
das **Abteil** (-e), compartment
die **Abteilung** (-en), department
abtrocknen, to wash up; **sich abtrocknen**, to dry oneself
die **Abwechs(e)lung**, change
der **ADAC (Allgemeiner Deutscher Automobil-Club)**, motoring organization like the AA, RAC

die **Ahnung**, idea, notion, inkling
albern, silly, foolish, absurd
allerhand, allerlei, all sorts, kinds, of
allmählich, gradual(ly)
die **Amme** (-n), nurse
die **Ampel** (-n), traffic lights
anbieten*, to offer
anblicken, to look, gaze at
anbrüllen, to shout, bellow at
das **Andenken** (-), souvenir
anders, differently; different
anfangen*, to start, begin
die **Angelrute** (-n), fishing rod
der **Angestellte**, employee
anhaben*, to have on, be wearing
ankommen*†, to arrive; **das kommt auf . . . an**, that depends on . . .
die **Ankunftszeit**, time of arrival
anlächeln, to smile at
anlegen, to put on
annehmen*, to accept, take on
anprobieren, to try on
anrichten, produce, cause, do; prepare, serve (up)
anrufen*, to phone, call up
anscheinend, apparent(ly)
anschließend, subsequently, (immediately) afterwards
Anschluß: direkten Anschluß haben, to have a direct connection
Ansicht: meiner Ansicht nach, in my view, opinion

anständig, decent, respectable
sich **anstellen**, to queue (up)
anstrengend, strenuous
die **Anzeigetafel** (-n), information board
anziehen*, to put on (clothes); **sich anziehen***, to get dressed
die **Apfelsine** (-n), orange
die **Apotheke** (-n), (dispensing) chemist's shop
appetitlich, appetizing
arbeitslos, out of work
ärgerlich, annoying, irritating
sich **ärgern**, to be angry, annoyed
die **Armbanduhr** (-en), wrist watch
der **Ärmel** (-), sleeve
die **Art** (-en), kind, type, sort
der **Aschenbecher** (-), ashtray
der **Ast** (Ꞌe), branch, bough
der **Aufenthalt** (-e), stay
die **Aufgabe** (-n), task, homework
aufgeben*, to give up; to hand in
aufgeregt, excited
sich **aufhalten***, stay, stop
sich **aufklären**, to clear up (of weather)
die **Aufnahme** (-n), photograph; recording
aufpassen (auf), to take care (of)
aufräumen, straighten, tidy, clear up
aufregend, exciting
der **Aufsatz** (Ꞌe), essay
aufschlagen*, to pitch, put up (tent)
Aufschnitt: kalter Aufschnitt, cold meat

das **Auge** (-n), eye; **ins Auge springen**, to catch the eye

der **Augenblick** (-e), moment, instant

der **Augenzeuge** (-n), eye witness

die **Aula** (pl. **Aulen**), assembly hall

ausbrechen*† **(in)**, to burst (into)

der **Ausdruck** (⁼e), expression

die **Ausfahrt** (-en) (motorway) exit

der **Ausflug** (⁼e), excursion, outing

ausgeben*, to spend (money)

ausgenommen, except

ausgesprochen, absolutely, utterly

ausgezeichnet, excellent(ly)

der **Ausguß**, sink

auskommen*†: **gut auskommen mit**, to get on well with

die **Auskunft**, information

ausladen*, to unload

das **Ausland**, foreign parts, abroad

ausländisch, foreign

ausmachen, to matter

ausreißen*†, to run off, away

ausrichten, pass on (message)

sich **ausruhen**, to take a rest

die **Ausrüstung**, equipment

ausrutschen†, to slip

die **Aussage**, statement

ausschimpfen, to tell off, give a good telling-off to

aussehen*, to look, appear

außergewöhnlich, unusual

außerhalb, outside of

äußerst, extremely

aussteigen*†, to get out

ausstoßen*, to utter (cry)

der **Austausch** (-e), exchange

austragen*, to deliver

auswandern†, to emigrate

die **Autokarte** (-n), road map

der **Bach** (⁼e), stream

der **Backstein** (-e), brick

die **Badewanne**, bath(-tub)

die **Bahre** (-n), stretcher

die **Balearen** (*pl*), Balearic Islands

die **Band** (-s), band, group

das **Band** (⁼er), (recording) tape

die **Bastelei**, handicraft, model-making

der **Bauernhof** (⁼e), farm

die **Baumwolle**, cotton

Bayern, Bavaria

beabsichtigen, to intend

beachten, follow, take notice of

der **Beamte** (-n), civil servant, official

beaufsichtigen, to look after

das **Becken** (-), wash-basin

bedauern, to regret, feel sorry for

bedeckt, covered

bedeuten, to mean

der **Bedienstete** (-n), employee

die **Bedienung**, service

bedrohen, to threaten

das **Beet** (-e), bed, patch (of land)

befehlen*, to order

sich **befinden***, to be (situated)

befolgen, to obey, follow, observe

die **Begabung** (-en), gift, talent, ability

begehen, to commit

begeistert, enthusiastic, keen

begleiten, to accompany

Begriff: im Begriff . . . zu, in the process of . . . ing

(sich) **begrüßen**, to greet (one another)

behandeln, to treat

beherrschen, to master (a language)

die **Beilage**, vegetables (on menu)

das **Beispiel** (-e), example

der **Beitrag** (⁼e), subscription

der **Bekannte** (-n), acquaintance

sich **beklagen**, to complain

belegt: belegtes Brot, sandwich

beliebt, popular

beobachten, to observe, watch

bergab, downhill

der **Beruf** (-e), profession, job, trade, work, occupation

beschäftigt, busy; **gerade damit beschäftigt, . . . zu**, in the middle of . . . ing

beschlagnahmen, to confiscate, seize

beschließen*, to decide

beschreiben*, to describe

besetzt, occupied, taken

besichtigen, to visit, see the sights in

besitzen*, to own, have

besonders, especially, particularly

besorgen, get, buy

besprechen*, to discuss

bestehen*, to pass (exam); **bestehen auf**, to insist on; **bestehen aus**, to comprise, consist of

bestellen, to order

bestimmt, certainly, for sure

bestreiten*, to deny

betragen*, to come to, amount to

betreiben*, to do, go in for (sports)

bewaffnet, armed

sich **bewegen**, to move

der **Beweis** (-e), proof

bewölkt, cloudy, overcast

bewußtlos, unconscious

bieten*, to offer

der **Bildstreifen** (-), film-strip; comic strip

die **Birne** (-n), pear

bis, until; by; up to

bitten*, to ask, request

bleiben*†, to stay, remain

bleichen, to bleach

blitzen: es blitzt, lightning is flashing

die **Blockflöte** (-n), recorder

bloß, merely, only, simply

die **Blutwurst**, black pudding (sausage)

der **Boden**, floor; ground

die **Bohne** (-n), bean; **Bohnenkaffee**, 'real' coffee

borgen, to borrow

die **BRD (Bundesrepublik Deutschland)**, Federal Republic of Germany, West Germany

Brat-, roast, fried, grilled

die **Brause**, shower

brechen*, to break

brennen*, to burn

der **Briefkasten** (-), letter-box, post-box

die **Bruchlandung**, crash landing
die **Brühe**, broth, soup
die **Bude** (-n), stand, stall
das **Büfett**, sideboard; **kaltes Büfett**, cold buffet
büffeln F, to swot, revise
die **Bühne**, stage
der **Bummel**, stroll
die **Bundesbahn**, Federal railways
der **Bürgersteig**, pavement

der **Champignon** (-s), mushroom
der **Chor**, choir

dabei, by, near it/them; in addition; **gerade dabei**, just in the act of . . .
die **Dachstube**, attic
dagegen, against it/them; on the contrary, however
daher, from there; hence, therefore
dankbar, grateful
dann, then; **dann und wann**, (every) now and then
darauf, on it/them; after that, next
dauerhaft, durable, hard-wearing
dauern, to last
dazu, for it/them, for that purpose; in addition; with it/them
die **DB (Deutsche Bundesbahn)**, German Federal Railways
die **DDR (Deutsche Demokratische Republic)**, German Democratic Republic, East Germany
das **Denkmal** (⸚er), monument
deshalb, for this reason
deswegen, on account of this/that
deutlich, clear(ly)
das **Dia** (-s), slide
dicht, dense, thick
der **Dichter** (-), poet
der **Dieb** (-e), thief
der **Diebstahl** (⸚e), theft, burglary
dienen, to serve
die **Dienstzeit** (-en), hours of work
draußen, outside, outdoors

dreckig, dirty, filthy
drinnen, inside, indoors
drohen, to threaten
drücken, to press, push
dunkelfarbig, dark-coloured
die **Dunkelkammer**, dark-room
durchfallen*†, to fail (exam)
durchfliegen*†, to fail (exam)
durchrasseln†, to fail (exam)
durchschnittlich, (on) average
dürfen*, to be allowed, permitted, to
duschen, to (have, take a) shower

eben, even, level; just (now)
egal: das ist mir egal, I don't care
ehe, before
das **Ehepaar** (-e), married couple
eher, sooner, before; preferably
ehrlich, honest(ly)
eifersüchtig, jealous
eigentlich, actually, really
der **Eindruck** (⸚e), impression
einfallen*†, to occur (to), strike
einfarbig, plain, of one colour
eingeschlossen, included
einhalten*, follow, observe, stick to
Einkaufs-, shopping-
einkehren†, to stop (for refreshment)
einladen*, to invite
einlösen, to cash (cheque)
einnehmen*, to take (medicine)
einnicken†, to drop off (to sleep)
einreiben*, to rub in (oil, etc.)
einschlafen*†, to fall asleep
einsehen*, to understand, see
einsteigen*†, to get in
eintreffen*†, to arrive
der **Eintritt**, admission, entrance fee
einverstanden, understood, agreed
der **Einwohner** (-), inhabitant
Einzel-, single, individual
einzeln, single, individual; singly
die **Eisbahn**, ice-rink
eisern, iron

der **Empfang**, reception
empfehlen*, to recommend
sich **emporarbeiten**, to work one's way up
eng, narrow, tight, cramped, confined
sich **entfalten**, to develop, unfold
entfernt, away (from)
entgegenkommen*†, to come towards
enthalten*, to contain
sich **entschließen***, to decide
sich **entschuldigen**, to apologize
enttäuschen, to disappoint
entweder . . . oder, either . . . or
(sich) **entwickeln**, to develop
die **Erbse** (-n), pea
das **Erdbeben**, earthquake
die **Erdbeere** (-n), strawberry
das **Erdgeschoß**, ground floor
die **Erdkunde**, geography
sich **ereignen**, to happen, occur
erfahren*, to learn, find out
die **Erfahrung**, experience
erfinden*, to invent, devise
der **Erfolg**, success
das **Ergebnis** (-se), result
erhalten*, to receive
erkennen*, to recognize
erlauben, to permit, allow
das **Erlebnis** (-se), experience
erleichtert, relieved
Ernst: ist es Ihr Ernst? are you serious?
die **Erpressung**, blackmail
erschöpft, exhausted
erschrocken, frightened, horrified
erstens, firstly, in the first place
der **Erwachsene** (-n), grown-up, adult
erwerben*, to acquire
die **Etage** (-n), floor, storey
etwa, roughly, approximately, about; perhaps, by any chance
evangelisch, Protestant
die **EWG (Europäische Wirtschaftsgemeinschaft)**, Common Market

fabelhaft, fabulous, wonderful

das **Fach** (ⸯer), subject, field

die **Fachausbildung**, professional, specialized training

die **Fachoberschule**, technical college

die **Fahrbahn** (-en), road, (traffic) lane

der **Fahrgast** (ⸯe), passenger

der **Fall** (ⸯe), case; **auf jeden Fall**, in any case; **auf keinen Fall**, on no account

färben, to tint

der **Fasching**, carnival

die **Faschingszeit**, Shrovetide

fassen, grasp, seize

fast, almost

faulenzen, to loaf (about)

der **Federball**, badminton; shuttlecock

fehlen, to be missing; **was fehlt . . .?** what's wrong, up with . . .?

feiern, to celebrate

der **Feiertag** (-e), (public) holiday

der **Feind** (-e), enemy

fernsehen*, to watch television

Fertiggerichte (zum Mitnehmen), take-away meals

fest, firm; regular

festnehmen*, to arrest

fließend, fluent(ly)

die **Flocke** (-n), flake

der **Flur**, (entrance) hall

folgen†, to follow

die **Forelle** (-n), trout

die **Forschungsreise**, expedition

Fortschritt: Fortschritte machen, to make progress

frech, cheeky

im **Freien**, in the open (air)

freigebig, generous

freilich, of course, certainly

fremd, strange, foreign; **ich bin fremd hier**, I'm a stranger here

sich **freuen (über)**, to be pleased, happy, glad (about); **sich freuen auf**, to look forward to

friedlich, peaceful(ly)

der **Frühling**, Spring

(sich) **fühlen**, to feel

führen, to lead, take

der **Führerschein**, driving licence

die **Funksteuerung**, radio-control

der **Fußgänger** (-), pedestrian

füttern, to feed

gar, at all

die **Garderobe**, cloakroom

die **Garnele** (-n), prawn, shrimp

das **Gartenlokal** (-e), inn, pub with garden, open air restaurant

gastgebend, host

der **Gastgeber** (-), host

das **Gasthaus** (ⸯer), inn, pub, restaurant

der **Gasthof** (ⸯe), inn, pub, restaurant

die **Gaststätte** (-n), restaurant, café, pub

das **Gebirge** (-), mountains, highlands

gebraucht, used, second-hand

das **Gedeck** (-e), menu, set meal

gedenken, to propose, intend

das **Gedicht** (-e), poem

gefährlich, dangerous

gefallen, to please; **es gefällt mir**, I like it

das **Geflügel**, poultry, fowl(s)

gegen, against; **gegen 5 Uhr**, at about 5 o'clock

die **Gegend**, region, area

der **Gegenstand** (ⸯe), object, thing

das **Gegenteil**, opposite

die **Gegenwart**, present (time)

der **Gegner** (-), opponent

geheim, secret

gehen*†, to walk, go; **es geht nicht**, it can't be done

die **Geige**, violin

geizig, mean, stingy, tight-fisted

der **Geländelauf**, cross-country (run)

gelangen† an, to arrive at, reach

die **Gelegenheit** (-en), opportunity

gelingen*†, to be successful, manage

gelegentlich, occasionally

gelten*, to be valid

gemeinsam, together

gemütlich, cosy, snug, comfortable

genug, genügend, enough, sufficient

gepflegt, well cared-for, immaculate

gepökelt, salted, cured, pickled

gerade, straight; just

geraten*† **in**, to get into

geräuchert, smoked

geräumig, spacious, roomy

das **Gericht** (-e), dish, course

gern(e), with pleasure, gladly; **ich . . . gern(e)**, I enjoy . . .ing

die **Gesamtschule** (-n), comprehensive school

das **Geschäft** (-e), business; shop

geschehen*†, to happen

gescheitelt, with a parting

geschieden, separated, divorced

das **Geschirr**, crockery, dishes, utensils

geschmackvoll, tasteful(ly)

die **Geschwister** (*pl*), brother(s) and sister(s)

die **Gesellschaft** (-en), company

das **Gespräch** (-e), conversation

gestattet, permitted

die **Gesundheit**, health

das **Getränk** (-e), drink

getrennt, separate(ly)

das **Gewehr** (-e), rifle

das **Gewicht** (-e), weight

gewiß, certain(ly)

das **Gewitter**, (thunder) storm

gewittern: es gewittert, it's stormy

der **Gipfel** (-), top, peak, summit

glänzend, brilliant(ly)

glatt, smooth(ly)

gleich, same, similar; at once; **es ist mir gleich**, I don't mind

gleichgültig, indifferent

das **Gleis** (-e), rails, line, track

das **Glück**, luck, fortune

glücklicherweise, luckily, fortunately

gnädig: gnädiger Herr, Sir; **gnädige Frau**, Madam

der **Gottesdienst**, public worship (church)

um **Gottes willen**, for heaven's sake
der **Grad**, degree
gratulieren, to congratulate
grausam, cruel
greifen*, to seize, catch (hold of)
Griechenland, Greece
großartig, great, wonderful
der **Grund** (⸚), reason
gründlich, thoroughly
der **Gruselfilm** (-e), horror-film
gucken, to look, peep
die **Gurke** (-n), cucumber
das **Gymnasium** (pl: **Gymnasien**), grammar-school

das **Hackfleisch**, mince, minced meat
hageln, to hail
das **Hähnchen** (-), cockerel
der **Haken** (-), hook
das **Hallenbad**, indoor baths
halten*, to stop; to hold; to keep; **halten für**, to consider, regard as
der **Hammel**, mutton, lamb
handeln, to act; **handeln von/über**, to be about; **sich handeln um**, to be about, a question of
die **Handlung**, plot, action
das **Hansaplast**, plaster
häufig, often, frequent(ly)
die **Hauptsache**, the main thing
die **Hauswirtschaft**, domestic science
die **Haut**, skin
heben*, to lift
die **Hecke** (-n), hedge
heftig, violent(ly), severe(ly)
heimlich, secretly
heiter, clear; cheerful(ly)
heiraten, to marry
heiß, hot; **mir ist heiß**, I'm hot
der **Heizkörper** (-), radiator
die **Heizung**, heating
der **Held** (-en), hero
hellfarbig, brightly coloured
herausnehmen*, to get, take out
der **Herbst**, Autumn

der **Herd**, stove
herkommen*†, to come from
herrichten, to arrange, get ready
herumliegen*, to lie around, about
herumsitzen*, to sit around, about
Herrschaften: meine Herrschaften, ladies and gentlemen
heulen, to cry, blubber
heutzutage, nowadays
hierher, to this place, here, to me
die **Himbeere** (-n), raspberry
hin, there, to that place; **hin und zurück**, return (journey, ticket)
die **Hinfahrt, Hinreise**, outward journey
Hinsicht: in dieser Hinsicht, in this respect
der **Hintergrund**, background
hinüberlaufen*†, to run over (to)
hinuntergehen*†, to go down(stairs)
der **Hirsch** (-e), stag, hart; (red) deer
die **Hochspannungsleitung** (-en), power, high tension cables
hocken, to crouch, squat, hang about
der **Hof** (⸚e), (court) yard; farm
hoffentlich, it is to be hoped; I hope so!
die **Höhe**, height, summit, top; **das ist die Höhe!** that's the limit!
das **Holz**, wood
das **Hörspiel** (-e), radio play
hospitieren, to sit in (at lessons, etc.)
das **Hühnchen** (-), chicken
die **Hühnerbrühe**, chicken broth

der **Igel**, hedgehog
der **Imbiß**, snack
die **Imbißstube** (-n), snack bar
imponieren, to impress
indem, by (. . . ing)
der **Inhalt**, contents
die **Innenstadt**, city, town centre
der **Insasse** (-n), passenger, occupant
insbesondere, in particular
insgesamt, (all) together
die **Insel** (-n), island
inwiefern, to what extent

inzwischen, meanwhile
irgend, . . . or other
sich **irren**, to make a mistake, be wrong

Jahr: in mittleren Jahren, middle-aged
die **Jahreszeit** (-en), season
das **Jahrhundert** (-e), century
jäten, to weed
jeder, jede, jedes, each, every
jedesmal (wenn), whenever
jemals, ever
jemand, someone, anyone
die **Johannesbeere** (-n), currant
der **Jude** (-n), Jew
die **Jugend**, youth
der **Jugendliche** (-n), youth; young man
Jura: Jura studieren, to study law

kahl, bald
das **Kalb** (⸚er), calf; veal
das **Kaninchen** (-), rabbit
kaputtmachen, to break
kariert, check(ed), (material)
der **Kassierer, die Kassiererin**, cashier
das **Kassettengerät** (-e), cassette player
die **Kegelbahn**, bowling, skittle alley
der **Keks** (-e), biscuit
kennen*, to know; **kennenlernen**, to make the acquaintance of
der **Kessel** (-), kettle
die **Kette** (-n), chain
der **Kinderraub**, kidnapping
das **Kirchenlied** (-er), hymn
die **Kirsche** (-n), cherry
die **Kiste** (-n), box, crate
der **Kittel** (-), smock, overall
Klapp-, folding, collapsible
klappen, F. to work, go smoothly
klingeln, to ring
das **Klo**, toilet, lavatory
der **Kloß** (⸚e), dumpling
knipsen, to snap, take (photo)
der **Knopf** (⸚e), knob; button
das **Kofferradio** (-s), transistor radio

der **Kofferraum**, boot (of car)
der **Kohl**, cabbage
die **Kollegstufe**, Sixth Form
    kommen*†, to come; **zu sich**
    kommen, recover one's senses
die **Kommode**, chest of drawers
der **Komponist** (-en), composer
das **Kompott**, stewed, preserved fruit
die **Konditorei**, confectioner's shop
    können*, can, to be able
das **Konto**, (bank) account
der **Kopfhörer**, earphones, headphones
der **Kopfsalat**, lettuce
der **Korbball**, netball
der **Korrekturlack**, correcting fluid
die **Kost**, food, diet
    kränken, to hurt, offend
die **Krankenschwester**, nurse
    kraulen†, to swim (the crawl)
die **Krawatte** (-n), tie
das **Kreuzworträtsel** (-), crossword
    puzzle
    kriegen, to get
der **Kriegsfilm** (-e), war film
der **Krimi** (-s), detective novel, film
der **Kühlschrank**, fridge
der **Kunde, die Kundin**, customer
die **Kunst**, art
die **Kupplung**, clutch
die **Kurve** (-n), bend, corner
    kurz, short(ly); **vor kurzem**, a short
    while ago
    kurzsichtig, shortsighted

das **Labor** (-e), laboratory
    lächeln, to smile
die **Lage**, position, situation
das **Land** (¨er), land, country; region,
    province, state; **auf dem Land(e)**,
    in the country(side); **aufs Land**,
    (in)to the country(side)
sich **langweilen**, to be bored
    lassen*, to let, leave; get, have
    (something done)
der **Lastwagen** (-), lorry, truck, van

Lauf: im Laufe, in the course of
    laufen*†, to run; to go on foot; to be
    on, showing (at cinema)
die **Laune** (-n), mood
    läuten, to ring
das **Leben**, life
die **Lebensmittel** (*pl*), food, provisions
    lecker, tasty, delicious
    ledern, leather
der **Lehnstuhl** (¨e), armchair
die **Lehrkraft** (¨e), teacher
die **Lehrmethode** (-n), teaching method
    leid: das tut mir leid, I'm sorry; **er tut**
    mir leid, I feel sorry for him
    leiden*, to suffer, bear, stand
    leider, unfortunately
    leihen*, to lend
    leise, soft(ly), gentle, gently
sich **leisten**, to (be able to) afford
der **Leiter, die Leiterin**, head, chief
die **Lektüre**, reading; reading matter
der **Lesestoff**, reading matter
    letzt, last; **zum letztenmal**, (for) the
    last time
die **Lichtung** (-en), clearing
    lieber, preferably
    Lieblings-, favourite
das **Lied** (-er), song
der **Lieferwagen** (-), delivery van
    liegen*, to lie
der **Liegeplatz** (¨e), berth, reclining seat
    (on boat)
das **Loch** (¨er), hole
das **Lokal** (-e), pub(lic house)
    lösen, to buy (a ticket)
    losfahren*†, to set off
die **Luft**, air
    Lust: Lust haben, to fancy
das **Lustspiel** (-e), comedy (play)

    mähen, to mow
die **Mahlzeit** (-en), meal
    malen, to paint
die **Mannschaft** (-en), team
die **Maschine** (-n), plane

der **Maskenball**, fancy dress ball
die **Mauer** (-n), wall
das **Meerschweinchen** (-), guinea pig
    meinen, to remark; to believe
    meinetwegen, as far as I'm concerned
die **Meinung**, opinion; **meiner Meinung**
    nach, in my opinion
sich **melden**, to come forward, report
die **Menge** (-n), crowd; **eine Menge Geld**,
    a lot of money
der **Mensch** (-en), person
der **Menschenraub**, kidnapping
die **Messe**, mass; fair, market
die **Mettwurst**, (polony) sausage
die **Metzgerei**, butcher's (shop)
der **Mikrowellenofen**, microwave oven
die **Minderheit**, minority
    mißtrauisch, suspicious
    mitbringen*, to bring (along)
das **Mitglied** (-er), member
der **Mitgliedsbeitrag**, subscription
    mitmachen, to join in, do the same
    mitschleppen, to take along
das **Mittelalter**, Middle Ages
    mittelmäßig, moderate, average
das **Mittelmeer**, Mediterranean
das **Möbel** (-), (piece of) furniture
die **Mode**, fashion
    mögen, to like; may
    möglich, possible; **möglichst . . .**, as
    . . . as possible
die **Mohrrübe** (-n), carrot
der **Mokka**, (strong, black) coffee
der **Mörder**, murderer
die **Moschee**, mosque
die **Mühe**, trouble; **sich Mühe geben**, to
    make a real effort; **nicht der/die**
    Mühe wert, not worth the effort
    mühsam, hard, difficult; with
    difficulty
    mündlich, oral(ly)
die **Münze** (-n), coin
    mürrisch, sullen, morose, grumpy
    müssen*, must, to have to
die **Mütze** (-n), cap

nacherzählen, to retell
nachher, afterwards, subsequently
die **Nachricht** (-en), (piece of) news
nachschicken, to send on
nachsehen*, to check
der **Nachteil** (-e), disadvantage
die **Nähe**, neighbourhood, vicinity
nebelig, foggy, misty
nebenan, next-door; in the next room
das **Nebengebäude** (-), out-building
der **Neffe** (-n), nephew
neidisch, jealous, envious
nervös, nervy, jumpy, on edge
neugierig, curious, nosy
neulich, recently
die **Niederlande** (*pl*), Holland
niedrig, low
noch, still, yet; besides, in addition; **weder . . . noch**, neither . . . nor
die **Note** (-n), mark, report
nötig, notwendig, necessary
die **Novelle** (-n), short novel, story
Nu: im Nu, in an instant, flash

ob, whether
Oberfranken, Upper Franconia
die **Oberstufe**, Sixth Form
obgleich, obschon, obwohl, obzwar, although
die **Ochsenschwanzsuppe**, oxtail soup
offensichtlich, obviously
Ohnmacht: in Ohnmacht fallen, to faint, pass out
der **Ölstand**, oil level
der **Ort** (-e), place, spot

die **Panne**, breakdown
das **Parkett**, (orchestra) stalls
der **Passant** (-en), passer-by
passen, to suit, fit; be convenient
die **Pause** (-n), break, playtime
das **Pech**, bad luck
peinlich, painful, distressing
der **Pelzmantel**, fur coat

der **Pendler** (-), commuter
die **Pension** (-en), hotel, boarding house
das **Personal**, staff, employees
die **Persönlichkeit** (-en), famous person
der **Pfad** (-e), path, track
Pfingsten, Whitsun(tide)
der **Pfirsich** (-e), peach
pflegen, to look after, tend
das **Pflichtfach** (¨er), compulsory subject
der **Pilz** (-e), mushroom; toadstool
die **Platte** (-n), record; table tennis table
platzen, to burst
plaudern, to chat(ter)
die **Pommes frites** (*pl*) chips
das **Porto**, postage, carriage
prächtig, magnificent(ly), splendid(ly), great
praktisch, useful, handy
die **Praline** (-n), chocolate
prima, great, fantastic
probieren, to try
der **Profi** (-s), pro(fessional)
der **Prominente** (-n), celebrity
promovieren, to graduate
prost! prosit! your health! cheers!
der **Pulverkaffee**, instant coffee
der **Pumpernickel**, (black) Westphalian ryebread
der **Putsch** (-e), armed uprising, riot
putzen, to clean

der **Quatsch**, nonsense, rubbish, rot

das **Radiergummi**, rubber, eraser
radeln†, to cycle
der **Rang**, circle, gallery (theatre)
rasch, quick(ly)
der **Rasen**, lawn
der **Rastplatz** (¨e), lay-by
der **Rat** (pl: **Ratschläge**), (piece of) advice
der **Raum**, space; room; **im geschlossenen Raum**, indoors
das **Raumschiff** (-e), space ship
die **Rechnung**, bill

die **Regel** (-n), rule, regulation: **in der Regel**, as a rule
regelmäßig, regular(ly)
regnerisch, rainy
reiben*, to rub
reichen, to hand; to be enough
der **Reifen** (-), tyre
der **Reifendruck**, tyre pressure
reisen†, to travel
reiten*†, to ride, go on horseback
das **Rezept** (-e), recipe; prescription
die **Richtung** (-en), direction
riesig, enormous, gigantic
das **Rind** (-er), cattle
das **Rindfleisch**, beef
die **Rolle** (-n), role, part; **keine Rolle spielen**, to be unimportant
der **Rollmops**, pickled, soused herring
das **Rollschuhlaufen**, roller skating
der **Roman** (-e), novel
der **Rosenkohl**, Brussels sprouts
die **Röstkartoffeln**, fried potatoes
der **Rücken**, back
die **Rückfahrt**, return journey
rufen*, to call
die **Ruhe**, peace, quiet; rest, sleep
(sich) **ruhen**, to rest
die **Rundschau**, (news) review

die **Sache** (-n), thing, article; business, matter, affair
der **Saft**, juice
sagenhaft, fabulous, fantastic
salopp, casual, slovenly, sloppy
sammeln, to collect; **sich sammeln**, gather, meet, assemble
die **Sammlung** (-en), collection
der **Samt**, velvet
satt: ich habe es satt, I'm fed up with it
der **Satz** (¨e), sentence
säubern, to clean
sauer (auf), angry (with)
saugen*, suck; vacuum clean
die **Schachtel** (-n), box, case
schade (um), shame (about)

die **Schallplatte** (-n), record
der **Schalter**, booking office, window
schätzen, to guess; to estimate
schauen, to look
der **Schauspieler** (-), actor
der **Scheibenwischer** (-), windscreen wiper
scheiden*, to separate, part, divorce
der **Schein** (-e), note; certificate
scheinen*, to shine; to seem, appear
schenken, to give (as a present)
scherzen, to joke
schieben*, to push
die **Schiebetür** (-en), sliding door
schiefgehen*†, to go wrong
das **Schild** (-er), sign
der **Schinken**, ham
die **Schlacht** (-en), battle
der **Schlafsack** (¨e), sleeping bag
schlagen*, to hit, beat
die **Schlagsahne**, whipped cream
die **Schlagzeile** (-n), headline
das **Schlagzeug**, percussion instrument
schlampig, slovenly, untidy
Schlange: Schlange stehen, to queue
schlau, crafty, sly
schlendern†, to stroll
(sich) **schleppen**, to drag (oneself)
schließen*, to shut, close
schließlich, finally
schlimm, bad, serious
der **Schlips** (-e), tie
die **Schlittschuhbahn**, skating rink
das **Schlittschuhlaufen**, (ice) skating
der **Schluß**, end, finish, close
schmackhaft, tasty, appetizing
schmecken, to taste
schmelzen*†, to melt
der **Schmerzen** (-), pain
schmerzen, to hurt
sich **schminken**, to make up, use make-up
der **Schmuck**, jewellery
der **Schneeregen**, sleet
schneiden*, to cut
das **Schnitzel**, fillet, cutlet

die **Schnulze** (-n), F sentimental film, tear-jerker
der **Schnurrbart**, moustache
schrecklich, dreadful(ly)
schreien*, to shout out, cry out
schriftlich, written, in writing
der **Schriftsteller**, author, writer
die **Schublade** (-n), drawer
schulden, to owe
der **Schuppen**, shed
der **Schuß** (pl: **Schüsse**), shot
der **Schwager, die Schwägerin,** brother-in-law, sister-in-law
schwärmen für, to be crazy about
die **Schwierigkeit** (-en), difficulty
schwül, sultry, close, muggy
das **Segelflugzeug** (-e), glider
sei! be!
die **Seide**, silk
der **Sekt**, sparkling wine, champagne
der **Selbstmord**, suicide
selbstständig, independent
selbstverständlich, obvious(ly)
die **Sendung** (-en), programme
der **Sessel** (-), armchair
die **Siedlung** (-en), (housing) estate
sinnvoll, sensible
sollen*, ought, to be supposed to
sonst, otherwise, else
sorgen für, to care, provide for
sorgfältig, careful(ly)
sowohl . . . als (auch), both . . . and
spannend, exciting
die **Sparkasse**, savings bank
sparsam, thrifty
der **Spaß**, joke; **zum Spaß**, for fun
spazierengehen†, to go for a walk
die **Speisekammer**, larder, pantry
speisen, to eat
der **Spirituskocher** (-), spirit stove
der **Spitzname** (-n), nickname
spöttisch, mocking(ly)
spottbillig, dirt cheap, a bargain
der **Sprudel**, soda-water, mineral water
spülen, to wash, rinse, swill out

die **Stachelbeere** (-n), gooseberry
das **Stadion** (pl: **Stadien**), stadium
der **Stammtisch**, table (reserved for regular customers); regular circle of friends (meeting at pub)
die **Stange** (-n), pole
stattfinden*, to take place
stecken, to put away, in, insert
stehen*, to stand; **es steht dir gut**, it suits you (of clothes)
steigen*†, to climb (up), mount
die **Stelle**, place, position, situation
die **Stellung**, position, job
der **Stellvertreter**, deputy
stempeln gehen*†, to be on the dole
die **Stenographie**, shorthand
der **Stiefel** (-), boot
still: Stiller Ozean, Pacific Ocean
die **Stimme**, voice
stimmen, to be correct, right
die **Stimmung**, mood
das **Stipendium**, grant
der **Stock** (pl: **Stockwerke**), floor, storey
der **Stoff**, material
stöhnen, to groan
stolpern†, trip, stumble
stolz (auf), proud (of)
stören, to disturb, disrupt
stoßen*, to push, shove, hit, jostle
das **Strafgeld**, fine
streichen*, to paint
das **Streichholz** (¨er), match
der **Streifen** (-), stripe
sich **streiten***, to quarrel
streng, strict(ly)
stricken, to knit
der **Strumpf** (¨e), stocking
die **Strumpfhose**, (pair of) tights
der **Stubenhocker**, stay-at-home
das **Stück** (-e), piece; coin; play
stürzen†, to rush, dash; fall

die **Tafel** (-n), board; bar (of chocolate)
die **Tankstelle** (-n), petrol station
der **Tankwart** (-e), petrol pump attendant

tapeziert, (wall) papered
tapfer, brave
tauchen†, to dive
tauen, to thaw
Technisches Werken, woodwork and
  metalwork, etc.
die Teewurst, (type of) sausage
der Teil (-e), part
  teilnehmen* an, to take part in
der Teppichboden, (wall-to-wall) carpet
der Termin (-e), date
die Theke, counter, bar
der Tiefkühlschrank, die Tiefkühltruhe,
  (deep) freezer
das Titelblatt, title, front page
der Tod, death
das Tonbandgerät, tape recorder
  tönen, to tint, colour
der Topf (¨e), pot
(ich) töten, to kill (oneself)
die Tragbahre, stretcher
  tragen*, to carry; to wear
die Träne (-n), tear
  treffen*, to meet; Vorbereitungen
  treffen, to make preparations
  treiben*, to do, go in for (sport)
das Treibhaus, greenhouse, hothouse
  treten*†, to step; in den Streik
  treten, to go on strike
der Trickfilm, cartoon (film)
das Trimester (-), term
das Trinkgeld, tip, gratuity
  trocknen, to dry
der Trommeltrockner, tumble drier
  trotz, in spite of, despite
  tschüs(chen)! F goodbye! cheerio!
  tüchtig F, well, like blazes
  tun*, to do; to put
  turnen, to do gymnastics

die U-Bahn, underground, tube
  üben, to practise, exercise
  überfahren*, to run, knock over
der Überfall, raid, (surprise) attack
  überflüssig, unnecessary

  überhaupt, in general, at all
  überkochen, to boil over
  überqueren, to cross
  überrascht, surprised
die Überschwemmung (-en), flood
  übersetzen, to translate
  überwechseln*†, transfer to, join
  überweisen*, to transfer (money)
  übrig, (left) over; nicht viel übrig für
  … haben, not to have much time for
die UdSSR (Union der Sozialistischen
  Sowjetrepubliken), USSR, Russia
die Umgebung, surroundings
  umgekehrt, the other way around
  umgraben*, to dig (up, over)
sich umkleiden, to change (clothes)
der Umkleideraum (¨e), changing room
  umrechnen, to convert (into)
  umsteigen*†, to change (trains, etc.)
  umwechseln, to change (money)
die Umwelt, environment
sich umziehen*, to get changed
  unbedingt, absolute(ly), without fail
  unbeholfen, clumsy, clumsily
  unerhört, unheard of, scandalous
  unerwartet, unexpected
  ungemustert, plain (material)
der Unkraut (¨er), weed(s)
  unlängst, recently
die Unordnung, mess, disorder
  unsinnig, stupid, foolish
  unterbrechen*, to interrupt
  unterbringen*, to put up,
  accommodate
sich unterhalten*, to enjoy oneself
  unterkommen*†, to find
  accommodation, be housed
die Unterkunft, accommodation
  unternehmen*, to undertake
der Unterricht, teaching, instruction
  untersuchen, to examine
die Unterwäsche, underclothes
  unterwegs, on the way, en route; viel
  unterwegs, on the move a lot
  unverschämt F, cheeky; exorbitant

die Unverschämtheit F, cheek, nerve
der Urlauber (-), holidaymaker

sich verabschieden, to take one's leave
sich verändern, to change
  veranstalten, arrange, organize
  verbessern, to improve, correct
  verbringen*, to spend (time)
  verdienen, to deserve; to earn
der Verein (-e), club
sich verfahren*, to lose one's way
  verfolgen, to chase, pursue
  vergeuden, to squander, waste
  verhaften, to arrest
  verheiratet, married
  verhindern, to prevent
sich verirren, to lose one's way
das Verkehrsamt, tourist office
der Verkehrsstau (-en), traffic jam
sich verlaufen*, to lose one's way
  verlegen, to mislay
  verlegen, embarrassed
(sich) verletzen, to injure, hurt (oneself)
  verlobt, engaged
  vermutlich, presumably
  verneinen, to deny; to say no
  verpassen, to miss
  verplempern, to squander, waste
  verreisen†, to set out, leave
  verrichten, to do, perform, carry out
sich versammeln, to assemble, gather
  versäumen, to miss
  verschieden, various, different
  verschreiben*, to prescribe
  verschwenden, to waste, squander
  verschwenderisch, extravagant
die Versicherung, insurance
  Verspätung haben, to be late
  versprechen*, to promise
  verstecken, to hide
  vertragen, to bear, stand, stomach
der Vertreter, rep(resentative)
der Verwandte (-n), relative
  verwechseln, to mix up, confuse
  verwirrt, confused, dazed

verzollen, to declare (at customs)
der **Vetter** (-n), (male) cousin
die **Volksschule**, primary school
vollbesetzt, full (up)
völlig, complete(ly)
voraus: im voraus, in advance
der **Vorbeigehende** (-n), passer-by
(sich) **vorbereiten**, to prepare (oneself)
der **Vordergrund**, foreground
vorgeben, to pretend
der **Vorgesetzte**, superior
vorhaben*, to intend, have it in mind
der **Vorhang** (⁻e), curtain
vorig, last
vorkommen*†, to occur, appear
vorlesen*, to read out (loud)
der **Vorort**, suburb
vorschlagen*, to suggest, propose
die **Vorschrift** (-en), rule, regulation
vorsichtig, careful(ly)
die **Vorspeise**, hors d'oeuvre
die **Vorstadt**, suburbs
der **Vorsteher**, chief, head, director
vorstellen, to introduce, present
die **Vorstellung** (-en), performance
der **Vorteil** (-e), advantage
vorzeigen, to show (documents)
vorzeitig, premature(ly)
vorziehen*, to prefer

wagen, to dare
wählen, to choose; to dial
das **Wahlfach**, option(al) subject
das **Warenhaus** (⁻er), department store
die **Wäsche**, washing, laundry; linen
die **Wäscherei**, laundry, launderette
der **Wäscheschleuder**, spin-drier

die **Waschgelegenheiten** (*pl*), washing
  facilities
der **Wasserstand**, water level
wechseln, to change
weder . . . noch, neither . . . nor
weh: das tut mir weh, that hurts me
wehen, to blow (of wind)
Weihnachten, Christmas
die **Weise**, way, method
weiterfahren*, to carry on
wenig, little; **wenige**, few
wenigstens, at least
werfen*, to throw
das **Werkzeug**, tools, equipment
die **Weste**, waistcoat
wiedererkennen*, to recognize again
die **Wiese** (-n), meadow
das **Wildleder**, suede
die **Windeln** (*pl*), nappies
die **Windschutzscheibe**, windscreen
die **Wirtschaftslehre**, economics
wöchentlich, weekly
wohl, presumably, I suppose
wolkig, cloudy
wollen*, to wish, want
wozu? why? for what purpose?
der **Wunsch** (⁻e), wish
wünschen, to wish
wütend, furious

der **Zahn** (⁻e), tooth
sich **zanken**, to quarrel
der **Zaun** (⁻e), fence
der **Zeichentrickfilm** (-e), cartoon (film)
zeichnen, to draw
zeigen, to show
die **Zeitschrift** (-en), magazine

zelten, to camp
zerbrechen*, to break in pieces,
  smash, shatter
zersplittern, to shatter, split
der **Zettel**, (slip of) paper; note
ziehen*, to pull; **es zieht**, there's a
  draught, it's draughty
zielen auf, to aim at
ziemlich, quite, fairly
der **Zimmermann**, carpenter, joiner
die **Zitrone** (-n), lemon
zögern, to hesitate
zollfrei, duty free
der **Zoll, die Zollkontrolle**, customs
zornig, angry
zubereiten, to prepare (meals)
zudrücken: ein Auge zudrücken, to
  turn a blind eye
zuhören, to listen to
die **Zukunft**, future
zulächeln, to smile at
zunächst, first of all
zunehmen*, to put on weight
zurückeilen†, to hurry back
zurückkehren†, to return
zusammenstoßen*†, to collide
zuschauen, zusehen*, to watch
zustimmen, to agree
zuvor, before, previously
zuwinken, wave, nod, beckon
zwar, of course, I admit; **und zwar**,
  in fact, that is to say
die **Zwiebel** (-n), onion
der **Zwilling** (-e), twin
Zwischenzeit: in der Zwischenzeit, in
  the meantime
Zypern, Cyprus